# まだまだ日本が中国で儲けられる9つの理由

中国ビジネスコンサルタント
高澤真治
Shinji Takasawa

SEIKO SHOBO

万円
民銀行
佰圓

# はじめに

私の生業は中国ビジネスに関する諸々のコンサルティングである。日本企業の方々と接していると、このような質問をよくされる。

「中国の経済統計はデタラメで、ＧＤＰも実はマイナス成長かもしれないんですってね」

「えっ？　そんな情報がありますか？」

「ええ、週刊誌に出てましたよ」

消費者物価が値上がりをつづけ、不動産価格もなお高騰している光景を日々目撃している私には、マイナス成長など実感とはほど遠い。

「地方都市では連日暴動が起きて、庶民の不満は頂点に達しているそうですね」

「どこで仕入れた話ですか？」

「新聞のコラムがそう書いてましたけど……」

地方政府の行政への地元民の抗議行動、いわば小競り合いを「暴動」と呼ぶならそれも事実だろうが、北京や上海に追いつけ追い越せと、発展著しい地方都市では不満など持っている暇はない。どんどん稼いで自分も富裕層の仲間入りを果たそうと、人々は貪欲に経済活動に邁進している。

日本のマスコミ、それも有力紙がこのように、決して事実ではない中国報道を垂れ流すのはなぜか。政治的な背景は私には関心の外だが、中国ビジネスを営む日本人にとっては、そうした面妖な情報は判断を誤る元凶となる。

本書で私は、そうした誤情報を正すことにしたい。加えて、ごく正確な、そしてごく率直な中国のビジネス最前線の目撃談、それを根底とした私なりの分析をお届けしたいと考えている。

中国経済の現状、そして未来は必ずしもバラ色ではない。数多くの問題や矛盾を抱え、一寸先には奈落が待っているかもしれない。だからこそ、中国でビジネス展開する日本企業も同様に、難しい舵取りを迫られる。その際に最も必要なのは、正しい情報、正しい分析だろう。

私はひとりの日本人として、中国で見聞したありのままを提示し、中国相手に奮闘している日本人ビジネスマンの少しでも役に立てればと願っている。

さあ、皆さんを中国ビジネスの最前線にお連れしよう。

もくじ

まだまだ日本が中国で儲けられる9つの理由

はじめに……3

第1の理由
「生産大国」から「消費大国」へ——消費の主役に躍り出た中間層の巨大パワー……13
「爆買い」を牽引したのはお金持ちではない■「爆買い」による消費額は1人28万円也
バカにならない「副収入」の多さ■蓄財の温床となった資材部門
中国の消費を牽引する「80後」世代■中国の中間層の数はほぼ日本の総人口と同じ
円安という追い風と日本製品への信頼■中国人は中国人を信用していない
中国のスターバックスは高いのになぜ繁盛するのか■「爆買い」の恩恵はいつまで続くか
リスク要因としての自由貿易試験区とEコマース■中国の富裕層人口は日本の3倍強
かの国の富裕層は桁違いのリッチマン■感情論を排して中国企業・中国人と向き合ってほしい
京都市内の不動産広告に氾濫する中国語■大切なのは好き嫌いではなく「実利」である

第2の理由
ユニクロの大成功に学ぶ日本企業の活路——第三次産業が新しい中国を切り拓く……45
第三次産業が中国の雇用を支えている■アメリカ資本も認めた消費大国

海外直接投資は広義の第三次産業に■中国でも行列のできる日本のラーメン店
外食産業は現地の客の「美味い！」に合わせよ■開店までは苦労だが儲かる商売
日本料理店に必要なのは「味の品質管理者」■日系が活躍する中国のコンビニ業界
サントリー烏龍茶の成功はカルチャーの輸出
スマートフォンをかざすと野菜の生産地情報を表示■ユニクロの成功はブランド戦略の大勝利
上海ではディズニーとコラボするユニクロ■「消費市場としての中国」の未来像


第3の理由
## 日中経済補完による観光立国への提言 ……69
### ──中国人観光客を地方活性化に結びつける


観光立国には「訪日旅行者3000万」が最低ライン■後手後手にまわる政府のインバウンド対応
日本の海外旅行者受け入れ数は世界16位■中国人観光客の訪問地は大都市周辺に偏りすぎ
地方の実利に結びつかない海外ＰＲ作戦■外国人観光客を地方へ──フランスと中国の賢い施策
もっと地域縦断的な地方の活用を■習慣の違いには注意と理解を
騒々しい中国人団体客と日本人客とを「分ける」法■富裕層にとっての日本旅行
日本の医療と中国の富裕層を結ぶ試み■大都市ではなく地方の総合病院を活用
病院にも地方にも恩恵は広く行きわたる

第4の理由
「中国崩壊論」の大ウソ――それでも中国は成長し続ける……93
日本の書店に溢れる「中国崩壊論」■政治的価値観より経済的実利
政権が崩壊に至るパターンは共通■食うに困らない世の中が「いい社会」
習近平が描く「中国の夢」■2020年に向けての新しい「中国の形」
「中国崩壊」の兆しが見えた？■株式相場と中国政府のマクロ調整
個人投資家の口座数は2億を突破■まかり通る不正とインサイダー取引
中国は国を挙げて市場の信頼性と健全性を構築せよ
日本のテレビが報じる「ゴーストタウン」のウソ■都市部では住宅価格が上昇し続けている
「都市化政策」による住宅難■不動産価格を急騰させた「330政策」
住宅を求める実需の巨大さ■中国国民は「民主化」を望んでいるか？
「反腐敗運動」に庶民は喝采……しかし■公務員の処遇改善は不正撲滅の一手
「反腐敗運動」――その真意と行方

第5の理由
日本は「ものづくり神話」から脱却せよ――中国とは同じ土俵で戦わない……133
「マス（量）」による圧倒的な力が中国の武器■ロングスパンでの「日本の成長戦略」が見えない

中国とは「賢く棲み分ける」■日系自動車は「年間1000万台販売」も夢ではない
現在のアドバンテージを最大限に生かせ■電気自動車の普及は日本にとって吉か凶か？
構造的問題を抱えた製造業■中国の製造業が陥った負の連鎖
ついに到来した「正常な自由競争」の時代■大企業はもはや面倒を見てくれなくなった
円安による中小企業の悲惨■ついにGEまで買収した中国家電の覇者「ハイアール」
巨大中国パワーへの対処法■中国企業の支援で再生・復活した「本間ゴルフ」
家電量販店から免税店に変身して大成功の「ラオックス」
好条件を引き出しながらも「某日本中小企業」の不可解
破談の理由は「中国はこの先どうなるかわからない」

**第6の理由**

## 「チャイナ・プラスワン」は正しい選択か？
……167

### ——中国のパワーを再確認する

ますます拡大していく「消費の自由」■アリババが取り組み始めた「爆買い」の中国化
予想されるアリババへの出店増■情報通信技術《ICT》でフラット化していく中国社会
中国は本当に「閉鎖的」だろうか？■「チャイナ・プラスワン」という選択の当否
「マーケットはどこにあるのか」を考えてほしい■声高に主張される「インド・バラ色論」の現実
ODAも「量から質へ」の転換を■日本政府に理解してほしい「逐次投入の戒め」
棲み分けとは「戦わないという戦い方」である■中国人のタフさと新興国への攻勢

第7の理由
儲けるチャンスはまだまだある……193
――環境ビジネスからシルバー市場まで
さながらホワイトクリスマス、大気汚染の北京の街■汚染物質「PM2・5」に対する日本の協力
日本製の空気清浄機が大活躍■日本のノウハウを生かした参入チャンス
日中の「タイムラグ」を活用した新ビジネス■中国人のトイレの概念を変えたウォシュレット
名菓・月餅も味覚のタイムラグを利用■日本は先行する領域を死守せよ
中国の病院では「お金持ち優先」が常識■入院枠を与えるのは医師の利権
狙い目コンセプトは総合病院と外資系病院との中間■ストップした「中国版少子高齢化」の流れ
「一人っ子政策」のさらに向こうにあるもの■ひと味違うと人気の「日本の学習塾」
すでに「2億人」を突破した中国の高齢者■老人の現状と介護施設の絶対的な不足中間層が入所できるような施設の運営■ペットブームにもビジネスチャンスが
日本ならではのノウハウを生かした結婚ビジネス
第8の理由
中国で成功するためのマネジメント……225
――日本人駐在員はこう評価されている
中国は「人治の国」と心得るべき■日本製品は高品質だが新興国では過剰品質?
日本人駐在員の悲劇的状況■必要なのはコミュニケーション力

「中国のことは自分が最も知っている」との自負を持て■中国人への権限委譲の方法
反日暴動で日系A社が狙われた理由■中国人社員に対するマネジメントの秘訣
SNSで飛び交うマネジメントへの評価■日本企業への最大の不満は「給与の安さ」
経営者も学生も考え方は欧米と一緒■有給休暇をすべて消化するのが中国人
中国人は決断が恐ろしく速い■意外に早くリタイアする中国の企業家
望まれる証券市場の浄化と改革

## 第9の理由

今後の日本が進むべき道
――中国は将来「金融大国」をめざす……253
中国共産党内部にもっと親日派・知日派を■「日中対立」は日本にとって何もいいことがない
イギリスのAIIB加盟の象徴的意味■世界は実利を求めて動いている
AIIBとリンクした「一帯一路」構想の魅力■ADBはAIIBと上手に棲み分けるべき
国際主要通貨の仲間入りを果たした人民元■中国の最終目標は「金融大国」になること
笛吹けど「金融の自由化」はまだ先■「金融大国化」の実現に向けた礎石
政治と経済は分けて考える■東南アジアの国々は中国が嫌いで親日的?
靖国問題に対する中国人のスタンス■「実利」が得られるWin‐Winの関係を
安保法制と中国人の反応■日本版の「改革開放」のススメ

おわりに……282

装幀……………………フロッグキングスタジオ

第1の理由

# 「生産大国」から「消費大国」へ

## ——消費の主役に躍り出た中間層の巨大パワー

## 「爆買い」による消費額は1人28万円也

中国社会における大きな構造変化の波紋が、海を隔てた日本市場にどっと押し寄せた。「爆買い」である。

2015年末、「新語・流行語大賞」の年間大賞の一つに「爆買い」が選ばれた。近年増加を続ける外国人観光客の中にあって、ことに中国人訪日客による巨額の消費を、半ば揶揄《やゆ》とやっかみを込めて表現した言葉である。

家電量販店やスーパーマーケット、百貨店、ドラッグストアなどで、高級バッグやIH炊飯器、化粧品、家庭用医薬品などを買いあさる彼ら中国人の姿は、たしかに「爆買い」と形容するにふさわしい。日本の観光庁の発表によると、2015年の訪日中国人数は対前年比2倍以上の約500万人に達し、過去最高となったという。

ちなみに、訪日外国人の1人当たりの旅行支出が平均17・6万円であるのに対し、中国人訪日客のそれは1人当たり28・4万円だった。ということは、彼らは何と1兆4200億円にも上る外貨を日本にもたらしてくれたわけである。

宿泊代と飲食費、交通費等を除く「買い物代」だけを取ってみても、その総消費額は約80

00億円。これは中国人旅行者が1人当たり16万2000円もの買い物をしてくれたことになる。この金額は他の国籍の旅行者と比べて断トツの1位だ。ちなみに、1人当たりの買い物代の2位はベトナム人観光客の7万5000円、3位は香港在住者の7万2000円となっている。

中国人は基本的に製品を店頭では選ばず、事前にネットなどで調べてきたものを指名買いする傾向があるという。さらに「免税で、銀聯《ぎんれん》カード（ユニオンペイ）が使える店」が選ばれる。免税対応は多くの家電量販店が行っており、ユニクロも大都市の主要店で開始した。なお、銀聯カードとは中国版デビットカードで、中国ではクレジットカードより圧倒的に普及している。

ただ、中国人のインバウンド（日本観光旅行）については「第3の理由」であらためて論じることにしよう。この章では、「爆買い」がなぜ起こるようになったのかを、中国の社会的・経済的な構造変化に照らし合わせながら説明していきたい。

## 「爆買い」を牽引したのはお金持ちではない

テレビに映し出される「爆買い」の光景を見て、「日本にそれだけの金銭を落としてくれるありがたい人たち」と感じる一方、多くの日本人は「中国人は所得が少ないと聞いていたけど、彼らは特別なお金持ちなのか？」と、疑問に思うのではないだろうか。結論から先に言おう。彼らはけっしてお金持ち（いわゆる「富裕層」）ではなく、そのほとんどは日本でいう「普通のサラリーマン」クラスの人たちなのである。

大金持ちではないが、かといって貧しくもなく、生活するのに何も困っていない。ちょっと古めかしい「中産階級」という言葉より、日本人には「中流（クラス）」という言葉がわかりやすいかも知れない。最近の新聞や雑誌では「中間層」という表現がよくつかわれるので、本書でもその呼び方を踏襲することにする。

この中間層と呼ばれる人たちこそ、まさに「爆買い」の主人公であり、彼らはここ十数年に及ぶ中国の急激な高度成長を通じて、新たに生み出された階層に属する人たちなのである。

ちなみに日本製品のいいところは、比較的良心的な値段なのに機能性や利便性が優れており、それなりにかっこいいし、何よりも安心して使えるという点だ。日本製品に共通するこうしたコンセプト、あるいは価値基準といったものにマッチするのが、まさに中国の新たな階層としての中間層なのである。

といってもわかりづらいので、もう少し具体的に彼らの姿を記すべきだろう。しかし、彼らをあらわすさまざまな統計数値はあるが、どれも私にはピンと来ない。私の周りにごまんといる中間層の人たちの、実際の可処分所得や生活スタイルを、それらの数値はうまく言いあらわしていないのである。

　ということで、以下に私が実感として抱いている中間層の姿を素描してみよう。いずれも北京や上海、あるいは私が住んでいる深圳《しんせん》など、大都市に居住する民間企業の給与生活者（サラリーマン）をイメージしていただきたい。年齢は30歳代後半から40歳代前半の男性。共働きの妻に子どもが1人という世帯だ。

## バカにならない「副収入」の多さ

　まず、収入。月にして1万～1・5万元といったところだ。日本円にして月20～30万円だが、円安を加味してここでは年収360万円としておこう。一方、日本の場合、国税庁が発表している「民間給与実態統計調査」によると、2014年のサラリーマンの平均年収は約415万円だ。これに比べると中国のほうが幾分低い。

　しかし、忘れてはならないのは妻の収入だ。中国では共働きが基本で、同じ仕事の場合は男女の賃金に差はないが、ここでは妻の収入を少し少なめに見積もって年収240万円としておこう。従って、夫婦2人の年収の合計は600万円となる。

　そしてこの金額に、中国独特の収入がさらに加味される。いわゆる「副収入」といわれるものだ。「裏で稼いでくる収入」と思ってもらえればよい。

ただし、この算定は難しい。夫婦で年収と同程度の額を稼ぐケースも珍しくないが、ここでは年収の50％としておこう。つまり、この世帯の年間収入は約900万円ということになる。これが「爆買い」の原資なのだ。

この「副収入」についてはわかりづらいので、少し解説しておこう。

たとえば日系の会社に勤めている人なら、休みの日に通訳をやったり、あるいは翻訳をやったりして副収入を得ているといったケースだ。私のよく知っている日本の私立大学の准教授（中国人の女性）は、中国の友人から格安で仕入れた絹製品《シルク》を日本人に向けてネット販売している。不正をしないかぎり、中国人にとって儲けることは常に正しいことなのである。

また、副業として個人で商社のようなビジネスをやっている人も少なくない。うまく立ち回れば、正業の1カ月分の金額なんてすぐに稼ぐことができる。

中には正業を会社に隠れて副業にしている人もいる。たとえば自社が扱っている商品の中で、入手しにくい商品をある会社に融通してやり、その際上乗せした手数料分を自分のポケットに入れるという寸法だ。

配送や伝票処理がなかなか難しいが、しかるべき権限を持ち、かつマネジメントをきちんとできれば「他人のふんどし」でいくらでも商売が拡大できる。横領はしていないので、儲けているのがバレたらさっさと会社を辞めていくだけである。

つまり、中国社会では統計には出てこない莫大なお金が動いているのだ。白タクの運転手の稼ぎからクラブのホステスの給与外の実入りに至るまで、現金でやり取りされる金額のほとんどが「誰かの副収入」になっていくと考えればよい。ただし、単におもてに出てこないだけであって、巨大なブラックマーケットが存在しているわけではないが、その額たるや軽く数兆円を超えるだろう。

もちろん中国共産党もこの実態はわかっているし、違法性の強いものについては取り締まりを強化しているが、国民から不満が出ない匙加減にも彼らは長けている。逆に言えば、いつでも税金の網を被せられるだけの十分な余力を、都市住民に対して温存しているわけだ。

現在、中国社会はＩＴを駆使して商取引や金銭授与の透明化に向かっている。こうした「副収入」についても、都市部を中心にその捕捉はますます強化されていくことだろう。

## 蓄財の温床となった資材部門

よくある不正行為を紹介しておこう。

さまざまな情報はお金になる。口利きで賄賂を取っている公務員など掃いて捨てるほどいるし、許認可の情報を株や不動産投資に利用する役人も後を絶たない。企業では、職位を利用して会社から得た情報を、他社にこっそり売っている役職者も数多くいるとみていい。

不正による蓄財が多いのは、何といっても資材部門だろう。中国では、資材部長や課長はだいたい数年程度で交替する。いうまでもなく、納入業者との癒着を避けるためだ。しかし2000年代前後まではそのような交替があまり制度化されておらず、購入先や価格を決める資材部門の長に就いたとたん、すぐに家を建てて（＝お金を稼ぎ）、その後に辞めていくというケースが頻発したものである。

給料が少々安くても、このポジションに就けば、それがそのままお金を生んだわけだ。私もそうした資材部門の部課長を何人か知っている。そろそろ挨拶にと思って訪問したら、「もう辞めました」との返事がよく返ってきたものだ。

「あなたの給料で、どうやったらあのマンションを購入できるの？」「軽く200万～300万円もする外車が買えるの？」という世界が、ことに2000年代の前後には形成され始めていた。そして彼らはそれを恥じることなく、堂々と家や車を買っていたのである。

彼らにしてみれば、もともと役人たちが平然と行っていることを、国家権力ではなく民間の職位を活用してやっているだけ、という感覚なのだろう。もちろん不正が発覚したらクビになるが、多くの場合それ以上のおとがめがあったとはあまり聞かない。先にも書いたように、発覚しそうになったら早々に辞めていくケースがほとんどだ。

私の友人の中国人営業マンは、その手の賄賂を直接に資材部門の部課長に渡すわけにはいかないので、プラスアルファの利益を上乗せした額を商社に渡し、商社経由でリベートを支払うというやり方をしていた。贈る側もいろいろ知恵をしぼるのである。

ただ、もともと会社に入ってくるはずのお金だから、会社の発展と成長を阻害している行為であることは間違いない。従って、2000年以降には、各社ともこの種のコンプライアンス的な管理を行うようにはなったが、それを不徹底にさせる混沌とした社会要因も色濃く残っていた。それでも2010年以降くらいから都市部の企業の成熟が進むにつれて、コンプライアンスも強化されていき、今日に至っている。

次のような例を紹介しておこう。深圳に展開する大手電子部品企業の社長は、就任するなりコンプライアンスの徹底と強化に大ナタを振るったのである。そのために彼は幹部の更迭にまで踏み切り、特に自社の資材担当者とサプライヤーとが隠密裡に会食するのを禁じるという徹底ぶりであった。多くのサプライヤーからは「これで公平な取引ができる」とすこぶる好評だったという。この大胆な措置によって、会社の業績がさらに好転したことはいうまでもない。

ちなみにこの社長は、東南アジアでの幅広いビジネス経験を持っている。東南アジアは官民を問わず、その「腐敗指数」は中国以上にすさまじい。海外マネジメントの要諦《ようてい》を心得ていたからこそ、彼にはこれほど徹底的な改革ができたのだろう。

私が中国駐在していた2000年代と比べると、中国もずいぶん「明朗会計」になってきている。つまり、日系企業を含む外資企業や中国のエクセレント企業を中心に、リベートや裏金などの授受がずいぶん少なくなり、金銭の管理がかなり透明化してきたと感じる。とはいえ、中国の中小ローカル企業における金銭面でのマネジメントの透明化には、まだまだ時間を要するだろう。社員たちの副収入には目をつぶり、その分人件費を安く抑えるという手法をとっている経営者がまだ少なくないからだ。

とはいえ、中国もこうした段階を経ながら、徐々にビジネス環境が浄化されているのである。

## 中国の消費を牽引する「80後」世代

少し脱線してしまったので話を戻そう。

「爆買い」の主役は決してお金持ちではなく、中間層といわれる人々であり、年齢は30歳代後半から40歳代前半、多くは大都市に居住し、夫婦のダブルインカムによって世帯当たりの年収はおよそ900万円、という話をした。したがって可処分所得も日本人の一般的サラリーマン家庭よりも多く、日本人が驚くほどの「爆買い」ができるのである。

次に、彼らの消費性向について述べておこう。

中国ではこの世代の人たちを「80後」（1980年代生まれ）という。彼らは欲しいもの、気に入ったものには、多少高くてもお金を使う傾向があり、別名「月光族」とも呼ばれている。「月」は1カ月。「光」は「使いきる」という意味。つまり、「その月の収入はその月で使いきってしまう」世代というわけだ。

先に述べたように、彼らは結婚しても基本的にダブルインカムで、かつそれぞれに副収入のあるケースもあるが、それを税務申告する人はまずいないので可処分所得はその分純増になる。しかも一人っ子である彼らは、両親や祖父母たちからの経済的支援も独占できる。

彼らは「爆買い」の主役である前に、中国国内においても「消費の主役」なのである。300万～500万円クラスの自家用車を持っているのもこの年代だ。もちろんマンションや高額消費財もこの「80後」が主要購買層であり、春節（旧正月・2月）や国慶節（10月）の大型連休に家族で海外旅行に出かける主力層も彼らにほかならない。

ちなみに、エルメスに「バーキン」という高級ブランドがある。ひと昔前なら、香港に行ったら日本人でも70万～80万円ほど出せば買えた。それが現在は200万円以上払ってもなかなか手に入らない。中国人がわれもわれもと欲しがるので品薄になり、挙げ句に値段も上がってしまったのだ。

以上述べてきたように、彼らは日本人以上にお金を持っているし、それを自分の裁量でかなり使える。日本のビジネス書には「富裕層をターゲットにせよ」としているものが少なくないが、私は今後、「層」としてますます厚くなる中産階級がメインターゲットだと思っている。

ところで、ここ10年間における中国経済の成長率は、2007年の14・16％をピークに徐々に落ち始め、2015年には6・9％にまでなったが、成長に対する消費の寄与は着実に増している。中国国家統計局は、2015年前半の成長率寄与度（データ全体の変化に対して、その個々の構成要素であるデータがどれくらい影響したかをあらわす指標）について、「個人消費が60％、固定資本投資が35・7％、残り4・3％が純輸出」として、成長の牽引役が個人消費に移ったとの認識を示したのだった。

## 中国の中間層の数はほぼ日本の総人口と同じ

さて、中国において個人消費が経済成長を牽引し、その中心になるのが中間層と呼ばれる人たちであると述べた。では、彼らは13億7000万人（2014年現在）いるといわれる中国人の中にあって、どれくらいのボリュームを占めているのだろうか。

これは推計がたいへん難しい。というのも、そもそもどれくらいの収入の人たちを「中間層」と見なすかによって、その人数は大きく変わってくるからだ。そこでここでは、スイスの金融グループ「クレディ・スイス」が２０１５年の12月14日に発表した数字に依拠することにしたい。

そのデータによると、５万ドル（約６００万円）から50万ドル（約６０００万円）の資産を持っている人たちを中間層と定義し、その人数を約１億９００万人と推定している。中国の総人口のまだわずか8％程度だが、それでもこれは日本の総人口に匹敵する数字だ。２０００年以降を見た場合、米国と比べ2倍の規模で中間層が拡大しているという。

またクレディ・スイスによると、中国人の成人の資産額は２０００年以降、１人当たり約２万２５００ドル（約２７０万円）と4倍に増加している。このことは特に留意すべきことだと思える。というのも、この層はやがて（中間層に仲間入りする条件となる）５万ドル以上の資産を形成すると推定でき、したがって今後とも中国人中間層は、どんどん増え続けることを示しているからだ。

先に私は、訪日中国人の数が１５００万人に達してもおかしくないと述べたが、その背景には中国人中間層のボリューム自体がさらに大きくなるとの読みがある。今は「捕らぬ狸」かも知れないが、国の財政を憂える日本人の１人としては2兆５５００億円もの観光収入をぜひとも確保したい。そしてこの恩恵が、一部の地域だけではなく広く日本全国に行きわたってほしい。そのために私は、日中が政治的な確執がもとでいがみ合うような事態にならないことを心から願っている。

## 円安という追い風と日本製品への信頼

さて、「爆買い」の要因の一つを「中国人中間層の増大」として説明したが、ほかにも二つの要因が挙げられる。一つはいうまでもなく「円安」、もう一つは「日本製品の品質」に対する信頼である。

2012年の2月、人民元と円の為替レートは1元＝12円だった。それが3年後の2015年の2月には、なんと1元＝19円になり、約35％も円安（元高）が進んだのである。日本で買い物をする中国人にしてみれば、これほどありがたいことはない。3年前にはたとえば5万円の高級IH炊飯器を買うのに約4200元を支払わねばならなかったが、現在では約2600元払うだけで買えるようになったのだから。この差は大きい。

この現象は、円が高かった時代、日本人のOLがヨーロッパに押しかけてブランド品を買いあさったのと一緒である。要するに、「欲しいものが安く買えるようになった」。このことに尽きる。

また、いうまでもないが、外国人が買った商品には消費税が課せられない。5万円の高級IH炊飯器を買うと日本人は4000円の税金を払わなければならないが、外国人は当然ながら無税だ。この差もけっこう大きい。

なお、「爆買い」において、中国人観光客は個人消費だけを楽しんでいるわけではないことも申し添えておきたい。彼らが持ち帰る大きな段ボール箱には、実は両親や親戚、友人たちへのお土産がどっさりと詰まっているのだ。中には友人や知人からお金を渡され、苦労して買い求めた商品も少なくないだろう。「爆買い」とは、そうした買い物の総体のことなのである。

さて、「中間層の増大」とこの急激な「円安」は、中国人観光客の「購買力」を上げる大きな要因となった。もう一つの「日本製品の品質に対する信頼」については、中国人の心性が反映されていて興味深い。

ちなみに、中国人観光客が日本で購入したさまざまな商品については、「人気商品トップ10」や「トップ20」といったランキングが、中国内のインターネットに公開されている。これらは主に中国版ツイッター「新浪微博（Sina Weibo）」やチャットサービス「微信（Wechat）」などに取りあげられた情報をまとめたものだ。情報源が異なるので、ここでは主だったものだけを紹介しよう。

人気の高いのが、日本のニュースにも取りあげられた「雪肌精」（コーセー）や資生堂などの化粧品、「サンテFX」（参天製薬）に代表される眼薬、「龍角散ダイレクト」などののど薬、「熱さまシート」（小林製薬）、アイマスク、赤ちゃん用の紙おむつや粉ミルク、女性用生理用品、携帯用魔法瓶、ヘアドライヤーなどだ。SNSに投稿するのは女性が多い（であろう）ことを差し引いても、ドラッグストアでまとめ買いできる商品の多いことが目につく。つまり、直接肌につけるもの、口にするものに人気が集中していることがおわかりいただけるだろう。

## 中国人は中国人を信用していない

実はこのことは、中国製品に対する不信感の裏返しなのである。

中国にもたくさんの薬局があり、化粧品もいろいろ取りそろえられている。しかし、安全面や衛生面をないがしろにした商品が数多く出まわり、食品禍や薬禍などが社会問題になったことは日本でも報じられたとおりだ。

それ以前に、私には「本音の部分では、中国人は中国人を信用していない」と思えてならない。日本での買い物に関するSNSの投稿にあるように、「中国はいちばんよいものを輸出しちゃう。逆に、日本はいちばんよいのを国内に残す。これが差だ」と考えている人がまだまだたくさんいるのだ。

たしかに、日本の品質管理基準はきわめて厳しい（とはいえ、この日本ですら賞味期限切れ商品の横流し事件が起こったことは、非常に残念である）。だから「中国の日系企業では、全品検査で合格したものを日本に輸出し、抜き取り検査の不合格品を中国国内で販売している」といったたぐいの噂まで流れる。もちろんそんなことは99％あり得ないのだが、そう思ってしまう文化風土が中国にあることは確かだ。

中国人は家族や親族、そして信頼できる友人たちで形成された「圏子（チュエンズ）」というネットワークを持っている。この「圏子」の内部にいる人たちが、「信頼あるいは信用できる仲間」の圏内なのだ。そこに属さない人を、中国人は基本的に信用しない。

日本製品に対する信頼も、多分そこから来ているのではないだろうか。とはいっても、日本人に対する信頼ということではなく、日本の品質管理やそのシステムに対する信頼といったほうがいい。

中国人観光客が日本製品に求めているのは、なによりも「安心」なのである。円安のお蔭で日本製品はかなり安く買えるようになったが、それでも中国で買える同等品に比べて割高の商品が多い。それでも彼らが日本製品を手にするのは、「安心」を得るためだといえよう。中国には漢方薬の店が数えきれないほどあるにもかかわらず、中国人観光客がツムラの漢方薬や葛根湯などを買って帰るのもうなずける。

そして中国の中間層とは、この「安心」を買うために、少々高い価格でも支払うことのできる人たちなのである。

## 中国のスターバックスは高いのになぜ繁盛するのか

この「安心」に中国国内で長年親しまれてきた「ブランド力」（知名度）が加われば、それは大きな「信頼」として中国人の頭にインプットされる。ことに中国のような若い市場では、いち早くブランドイメージを構築することが、今後も増え続ける中間層の購買力を喚起するための必須条件だと私は考えている。

たとえば、中国にあるスターバックスの価格は日本よりも割高感があるが、それでも多くの人たち（主に中間層）が利用し、どの店も繁盛しているのはなぜなのか？

スターバックスは中国市場で出店ラッシュが続いている。この要因は、同社が早い時期にブランドを確立したからにほかならない。そのブランドから醸し出される「アメリカ風・お洒落・カッコイイ」といったイメージが、一杯のコーヒーの価値を高めているのである。

また、中国におけるブランドイメージは、自国のオリジナルを踏襲する必要はない。たとえば、ユニクロ。かつてユニクロは柳井正会長兼社長自身が語っているように、「もともと日本の地方出身のブランド。これまではロードサイドを中心に展開してきた」「日本だと、ブランドというよりも、もっと生活に密着したもの。ロードサイドや（消費者の家の）近所に店があるので、寒くなったらヒートテックを買いに行く店になっている」が、すでに出店数４００店舗を超える中国では、スターバックス同様、「お洒落・カッコイイ・先進的」といったグローバルブランドの確立に成功している（詳細は「第2の理由」参照）。

資生堂やコーセーが中国で成功したのも、自社のブランドを地道に浸透させていったからにほかならない。品質のよさや安全性を訴求し、ブランドを丹念に作り込んでいった努力が実ったのだ。

先にも述べたように、中国には、13億人とも15億人ともいわれる人々がひしめき合って暮らしている。普通語（北京語）という共通語はあるものの、方言は多種多様でまったく通じない。地域が異なれば食文化も慣習も異なる。それぞれが外国だといっていいほどの「巨大な社会の集合体」、それが中国なのである。

もちろんブランドの醸成は一朝一夕でできることではないが、ひとたび信用を勝ち取れば、中国ではＳＮＳを通じて広く拡散し、しかもかなり長く維持される。ことに高級化粧品のたぐいを買う中間層はみんなお金を持っているから、広範かつ持続的な購入が期待できるのである。

「ブランド力」とは「安心力」。ことに中国においては、こういっても過言ではない。

## 「爆買い」の恩恵はいつまで続くか

ところで、いわゆる「爆買い」はいつまで続くのだろう。中国人による純粋な日本観光とは別に、この問題を考えてみたい。

大きなポイントは、いうまでもなく現在の円レートが、ドルや人民元レートとの関係の中でどの方向に動くかということである。しかしながら、私は経済学者でもアナリストでもないので、こればかりは何ともいえない。したがって、現在の為替レートが当面続くことを前提に考えたいと思う。

次に、先に挙げた日本製品の信頼性や安心度はどのように推移するだろうか。同等の用途を持つ商品であれば、品質的に日本製のほうが信頼性が高いのは事実だ。しかし、「同じものでも中国で作られているものより、日本で作られているもののほうが品質がよい」というのは、中国人の思い込みといってよい。

もちろん、製造管理者の能力や質、あるいは作業者の技能にもよるが、基本的には同じスペックの商品なら、日本でも中国でも同じ品質基準に則って生産されている。ユニクロの商品を見れば一目瞭然である。中国の上海で買うフリースも日本の銀座で買うフリースも同じものである。したがって、この思い込み（幻想）は、日本を愛する者としての立場からはそのままであってほしいが、中国全体の品質管理が上向くにつれてなくなっていくだろう。

つまり、同じ商品であれば、日本で買っても中国で買っても品質的に何ら変わらないものが、いずれ生産されるようになる。であれば、円安がさらに進まないかぎり、日本でわざわざその商品を買う意味は限りなくゼロに近づいていくだろう。

最後にもう一つ、日本製品の稀少性について考えてみたい。稀少性とは「日本に行って買わなければ手に入らない」ということだが、これについては、次の二つの要素がそうした稀少性を徐々に減殺していくと思えるから要注意である。

## リスク要因としての自由貿易試験区とEコマース

一つは「自由貿易試験区」の存在だ。これは中国が市場経済への転換を唱えて「改革・開放」路線に舵を切ったとき、深圳や珠海《じゅかい》に設けられた「経済特区」をさらにグレードアップした地域と思ってもらえればよい。２０１３年に上海に誕生したばかりだが、２０１５年には広東、天津、福建にも開設されることになった。

要は、これらの地域では文字どおり関税の要らない「自由貿易」が可能になっていく。つまり、この特区内では、日本の商品が日本と同等の価格で買えるようになる、というわけだ。現在はまだ「試験」的な段階だが、今後急速に設置エリアの拡大が進むと思える。結果、わざわざ日本に行かなくても、日本製の商品が手に入るようになるのだ。

もう一つはEコマース（オンライン・マーケット）の興隆が挙げられる。その代表格が中国最大のEコマース、「アリババ」だ。

同社は2015年9月にニューヨーク証券取引所に上場したが、そのとき約250億ドル（約3兆円）もの資金を手にした。まさに世界最大規模の上場となったわけだが、アリババがこの資金を使って、今後中国で、あるいは世界に向けて、どのようなITビジネスを構築してくるか、私自身興味深く見守っている次第である。

現在このアリババと提携して、日本の商品を中国に持っていこうというビジネスもスタートしている。ことにソフトバンクはアリババの大株主であり（アリババの馬雲《ユンマー》社長はソフトバンクの役員）、アメリカ・中国・インドを中軸に、世界を視野に入れた事業展開を今後はさらに強化していくことだろう。

ただし、Eコマースが世界的規模でさらに発展するには、リアルな配送をどのようにして行い、また課金システムをどう構築するか、言語の壁、カスタマーサービスの拡充をどうするか。克服すべき課題は山積している。いずれにしろ、これらの課題が解決されれば、中国に住む人たちは実際に日本に行かなくても、同じ商品を中国で買えるようになるわけだ。もちろん、「日本を観光する」というリアルな目的はなくならないが、少なくとも「日本で買い物をする」というリアルな機会は間違いなく減少するだろう。

以上、ネガティブな情報を書き連ねたが、こうしたリスクが厳然としてあることはきちんと理解してもらいたい。つまり、「爆買い」だけに依存して、観光事業の拡大や地方化を疎かにしていると、日本はいつか大きな痛手を負うことになりかねないのである。

## 中国の富裕層人口は日本の3倍強

現在、中国で消費市場を牽引し、また訪日観光客として膨大な消費支出の主役となっているのは、新たに勃興した中間層に属する人たちだが、かつてその両方の役割を演じてきたのは富裕層と呼ばれる人たちだった。

彼らは鄧小平が唱えた「先富論」（可能な者から先に裕福になればよい、という思想）の申し子として、改革開放の波に乗って頭角をあらわした。そして、まだ「爆買い」などという言葉がない時期、海外渡航制限の厳しい時代に日本を訪れ、円高にもかかわらず、1人当たり15万～20万円を日本で支出してくれたのだった。

先に挙げた中間層の例にしたがって、以下に私が実感として抱いている「現在の」富裕層の姿を素描してみよう。

職業や収入はさまざまだが、基本的に1億円以上のマンションを1~2戸所有し、金融資産は1億~2億円。さらに1000万円クラスの乗用車を2台以上持っている人々が、私の周りに実在する富裕層と目される人々である。若い人もいるが、多くは40~50歳代だ。私が住む深圳周辺では、人口にしてだいたい約1%弱がこうした富裕層と考えてよい。

ちなみに、現在「千万富」という言葉が、富裕層をあらわす言葉として使われている。「千万」は日本円にして2億円くらいだ。現在はこれくらいの資産がないと、富裕層とは見なしてもらえない。ちなみに富裕層を一般の中国語では、日本語と同様に「富豪」という。

実は、中国にはこうした富裕層の人口がすでに日本の3倍強に達しているのだ。ボストンコンサルティンググループの調査「グローバルウェルス・レポート2015」によると、日本の富裕層の人口は2013年から2014年までに約5万人増加し、112万5000人になったという。これは世界の第3位だ。1位は米国で690万6000人、2位が中国の361万3000人である。なお、対前年の伸び率を比べると、米国が4・7%、日本も4・7%であるのに対し、中国はなんと49%。もう断トツである。

また、米経済誌『フォーブス』恒例の「世界長者番付」2015年版には、資産総額10億ドル（約1200億円）以上の大富豪は全世界で1800人強がランクされている。このうち中国の人数は213人。国別では米国の536人に次ぐ2位だ。ちなみに日本人は、柳井正氏を筆頭に、孫正義氏、三木谷浩史氏など24人がランクインしている。

## かの国の富裕層は桁違いのリッチマン

私たちとは縁遠い世界の人たちだが、最近仕事で北京に行った折、中国人の大金持ちが所有するロールスロイスに同乗させてもらったことがある。こんな高級車に乗ることなどまずないので、ミーハーの私は記念写真を撮って妻にメールしたくらいだ。その方に車の値段を聞いたところ、「200万元ぐらいだったかなあ」といっていた。日本円にして約4000万円だ。

こんな高級車をぽんとキャッシュで買えるのが、現在の中国人の富裕層なのである。欧米の自家用飛行機や自家用ジェット機の上客も、今や中国人だ。

とはいえ、昔はみんな貧しかったのである。そもそも金持ちなんてまずいなかった。「文革のころ、小学校では誰がいちばん貧乏かの自慢ごっこがはやっていたよ」と、知人の1人が笑いながら語ってくれた。小金を持っている人は民衆の前に引きずり出されて罵倒され、知識人は労働実習のために地方に流された。そして、多くの人たちが命を落としたのである。

鄧小平が変えようとしたのは、そんな中国の現実だった。先に挙げた「先富論」には続きがある。「先に豊かになった者は、落伍した者たちを救いなさい」と。中国の現状を見ると、後段の教えが実行されているとは思えないが、市場経済が進んで、その恩恵を受けた人たちがたくさん誕生したことだけは確かである。

それが現在の富裕層であり、そのあとを追うようにして力をつけてきた中間層たちにほかならない。富裕層は、『フォーブス』にランキングされた柳井氏、孫氏、三木谷氏などと同様、自らの才覚によって一代で富を築いた人たちがほとんどだ。ただし、中国の場合は、もともとが共産党の幹部で、手にした利権を活用して蓄財に成功した者たちも少なくない。

例えば私の大学時代の同級生を見わたしても、本当に勉強を一生懸命やってきて、その能力をビジネスの場で開花させた人が多い反面、北京のお偉方の子弟で、コネで入学してきて、その後もコネを利用し続けている連中もいる。中国には、大きい虎（大腐敗）も小さなハエ（小腐敗）もまだまだいるのだ。

とはいえ、成功者の多くは自分自身の力でチャイナドリームをつかんだのである。そして、こうしたドリームが中国には存在しているという事実を、身をもって示したのである。やり方次第で自分もまた這い上がれるのだ、ということを。

## 感情論を排して中国企業・中国人と向き合ってほしい

ところで2015年11月11日、日経新聞に「星野リゾートトマム、中国企業が買収」との記事が掲載された。それによると、「中国の商業施設運営会社、上海豫園旅游商城は北海道のスキー場、星野リゾートトマム（北海道占冠村《しむかっぷ》）の株式100%を買収すると発表した。取得額は183億円。中国人観光客に人気の北海道のリゾート買収により、収益を拡大できると判断した」とある。

こういう記事を目にすると、眉をひそめる日本人が多いのではないだろうか。「また中国人か」と。こうした言葉には、「にわか成金たちが、カネで面を張るようにして日本の大切な資産を買いあさっている」といった、中国人に対する不快感と侮蔑の感情が如実にあらわれている。たしかに私だって、日本の有名な観光地が買い取られるのはうれしいものではない。しかしそのことを、ある種の見下しを織り交ぜた感情論で語ることは、厳に慎むべきだろう。

買い手の中国企業は何ら不正を働いたわけではなく、公正なビジネス手段に則ってM&A（企業合併や買収）を実行したのであり、また売り手の側も強制されたわけではなく、ビジネスにおける合理的な判断を通じて売ることに合意したのである。ただし、星野リゾートの持ち株比率は20%で、オランダのファンドが株式の80%を保有しており、星野リゾートの意向がどこまで反映されたかはわからない。

とはいえ、施設の運営については引き続き星野リゾートが行うとのことなので、質の高いおもてなしは変わらないだろう。それに、中国側でも同リゾートを大きくPRしてくれるだろうから、中国人富裕層や中間層の観光客がさらに増えることが期待できる。まさに、Win－Winではないか。

ちなみに、買い手の上海豫園旅游商城は民間投資会社「復星集団」の傘下にあり、会長の郭広昌氏は「アリババ」の馬雲氏と同様、中国では身ひとつで巨万の富を築いた立志伝中の人物である。さらに付記すれば、同社は日本の星野リゾートトマムを狙い撃ったわけではなく、フランスのリゾート施設運営会社「クラブメッド」（旧・地中海クラブ）を買収したことでも有名である。

## 京都市内の不動産広告に氾濫する中国語

最近帰国した折、所用で京都に行った。驚いたのは、京都の不動産店舗の看板や張り紙が中国語で書かれているということだ。気づいたのは2015年のことだが、中国語での表示はもっと前から始められていたのかも知れない。

目につくのが、いわゆる億ションをはじめとする1億円から2億円の高額物件だ。それらが、「はい、いらっしゃい。お買い得だよ」といわんばかりに掲示されているのである。

もちろん、京都という人気エリアであっても、2000万〜3000万円のお手頃な物件はたくさんある。少々高くしても、5000万円程度だったら一般の日本人も十分購入可能だろう。しかし、やはり1億円を超える物件は、おいそれとは手が出せない。

そこで、「それなら京都を訪れる中国人富裕層に買ってもらおう」というのが、不動産業者の狙いなのだろう。たしかに富裕層であれば、1億円から2億円くらいならキャッシュでも支払うことができる。中国語の張り紙があるということは、現実に販売された実績がかなりあるのかも知れない。

なお、2015年の12月7日、三菱地所レジデンスは、京都市内の最高価格7億円超の分譲マンションが「即日完売した」と発表した。26戸のうち13戸の分譲価格が1億円超。抽選倍率の高かった人気の物件は3億円台だという。購入者の内訳は東京在住者が3割と多く、京都府内在住者は2割だった。日本人・外国人の別は非公表（以上、日経新聞より抜粋）。

このマンションはいちばん安い物件でも7000万円台とのことだ。東京在住者はセカンドハウスとして買ったのだろう。購入者の中に中国人富裕層がいるのかどうか、また購入目的が実用なのか投資なのかもわからない。

いずれにせよ、京都であれどこであれ、日本の資産を中国人が買い取ることについて、あまり快く思わない人がいるのは確かだ。ただ、思い起こしてほしい。日本でバブル経済が絶頂のころ、日本の数多くの不動産会社や企業が、争うようにして米国をはじめとする企業や不動産物件を買いあさったことを。また、金持ちたちが老後の安楽な海外移住を目論《もくろ》んで、比較的物価の安かったオーストラリアなどに住宅を購入したものである。

先のトマムの例もそうだが、買われる側の国民の感情は、当然ながら愉快なものではなかっただろう。とはいえ、冷厳な資本の論理には楯突けなかったのである。それがめぐりめぐって、買う側と買われる側に立場が入れ替わった。

これもまた資本の論理であることに変わりはない。であれば、好悪の感情論をなだめて、多分かつての米国が日本に対してそうであったように、ここでは大人としての対応をするべきではないだろうか。

## 大切なのは好き嫌いではなく「実利」である

日本人には世界第2位の経済大国だったという誇りと、開発途上国であった中国を長くOD

Ａ（政府開発援助）などによって支援してきたという自負がある。私もその一人かも知れない。多くの日本人が中国の「経済力」をあえて認めたがらないのは、そんな気持ちを根本のところで払拭できないからではないだろうか。

たしかに今からほぼ20年前の１９９５年、日本のＧＤＰはドルベースで中国の７・３倍もあった。しかし２００９年には僅差ながらこれが逆転し、以降はその差は開くばかりだ。そして２０１５年現在、中国のＧＤＰの規模は日本の約２・８倍にもなってしまった。

日本人はもうそろそろ彼我の「経済規模」の差、あるいは「市場規模」の差を、客観的事実として受け容れるべきではないか。あくまで私の腰だめの数字だが、日中の経済の差が５倍以上になれば、日本人も感覚的にも中国の経済の「大きさ」を認めざるを得なくなるだろう。そしてこれは時間の問題なのである。

なぜ私がわざわざこんなことを書くかというと、日本人がもっと「実利」を得るために対中ビジネスに邁進してほしいからにほかならない。そのためには、日本人は誇りはもちつつもへンなプライドを捨てたほうがいいと思っている。

私がここで述べているのは、日中両国に関するいかなる価値判断でもないし、中国が好きかどうかといった感情の問題でもない。「中国経済を抜きにして、日本経済は語れない」という厳然とした事実である。そして、「日本経済を今後とも成長させるためには、中国との関係をもっと良好にすべき」であり、「今以上に日本は、中国の経済規模と市場規模を活用しつつ、上手に棲み分けるべきだ」との提言にほかならない。

認めるべきは、個々の客観的事実である。まず最初に、中国には13億人を遙かに超える人がいるという事実。まさに「規模の経済」がそこにはある。この圧倒的現実に、私たちは太刀打ちできない。

そして、このうちの8％強の人たちが、中間層という新たな階層として消費の舞台にせり上がってきて、ついには中国の消費社会の主役に躍り出たこと。さらにこの中間層は、今後ますます増加するであろうこと……。これは日本の人口を大きく超えていく。

中国のこうした社会的・経済的な構造変化をきちんと捉えることによってこそ、対中ビジネスの活路が開けるのである。最初に取りあげたいのは、日本のお家芸である「ものづくり」ではなく、「衣」と「食」にかかわる第三次産業だ。この分野で活躍している企業に共通する要素とは何か。それを抽出することで、対中ビジネスに成功する方策を考えてみたい。

第2の理由

# ユニクロの大成功に学ぶ日本企業の活路

## ——第三次産業が新しい中国を切り拓く

## 第三次産業が中国の雇用を支えている

中国は「製造大国」を卒業してハイテクの「製造強国」をめざすというが、といって「世界の工場」であることをやめるわけではない。しかし、中国国内の雇用を支えているのは、もはや第二次産業（製造業）ではなく第三次産業（小売業やサービス業）なのである。

中国の第三次産業は、就業人口に占める割合ではすでに1994年に、GDPにおいては2013年に第二次産業を上回った。これは中国の産業構造が、急激な勢いで先進国のそれに近づいていることを物語っている。

2010年以降、都市部では新規雇用が順調に増加している。ご存じのとおり、中国の経済成長率は2015年末の統計で6・9％に落ち込むなど、徐々に鈍化しているのは確かだが、雇用を創出する雇用弾性値の高い経済に、中国は徐々にその姿を変えているのだ。

事実、2015年においても都市部の登録失業率は4・0〜4・1％で推移し、ここ数年大幅な増減はない。ことに近年は「自営業」と「私営企業」の起業が盛んで、これが雇用増に結びついているというのが国家工商行政管理総局の見解である。

このように、中国で淘汰が進んでいる中小製造業（「第5の理由」参照）の失業者や、都市部に流入する地方労働者を、さまざまな第三次産業が受け皿となって雇い入れているという構図が見えてくる。そしてこの構図は、中国における消費市場が、それだけ広く深くなっていることをも物語っているといえるだろう。

事実、小売売上高は、2014年4月に底を打ったのちに回復に転じ、同11月には前年同月比で11・2%増になっている。その一翼を担っているのが「中間層」と呼ばれる人たちであることはすでに述べた。繰り返しになるが、彼ら1世帯当たりの収入の多さ（日本円にして800万～900万円）と、欲しいものはどんどん買ってしまうという消費性向が、まさに中国の第三次産業の発展を支えているといっても過言ではない。

私自身の感覚によるたとえで恐縮だが、中流と呼ばれる日本人が買い物に1000円払うとき、中間層の中国人は（物価が高いということもあるが）2000円支払う。しかも、この層を形成する人たちの数は、日本の総人口とほぼ一緒くらいなのである。ということから、中国の消費市場の大きさがイメージしてもらえるだろう。

## アメリカ資本も認めた消費大国

それを象徴するのが、相次いでオープンする米国資本のテーマパークである。上海ディズニーランドは2016年の春に、北京のユニバーサルスタジオは2019年か2020年にオープン予定だ。上海のディズニーランドはやや小さめとのことだが、北京のユニバーサルスタジオはUSJの2倍の大きさだという。

これは米資本が、中国を完全に「消費大国」として位置づけていることの証左だといえる。政治でいがみ合うことはあっても、米中の2カ国は経済では固い絆《きずな》で結ばれているのである。このことは後段でも記すが、重要なことなので銘記しておいていただきたい。

さて、米中の結びつきの強さは、米国資本の外食産業に如実にあらわれている。これらの代表格であるマクドナルド、ケンタッキー、スターバックス、ピザハットは、よほど内陸部の都市でないかぎり、どこの街角でも見かけるまでに店舗網を広げ、かつ現在も拡大中だ。ここ10年のあいだに勃興した中間層が、そうした店に引きも切らずに押しかけている。

先のディズニーランドにせよ、ユニバーサルスタジオにせよ、そしてこうした米国資本の外食産業にせよ、中国ではアメリカ文化がすっかり一般市民の生活に溶けこみ、仲よく同居している様子が感じ取れる。日本の一部には米中の軍事衝突を期待するような論調があるが、こうした風景を見ている私には戯れ言としか思えない。

そもそも中国は、実質的に最大の輸出先を失うような争いをするはずがないし、米国もまた、すでに膨大な額の直接投資を行っている相手国を攻撃しようなどと思わないだろう。

ちなみに、韓国では日本のカルチャーに対して一部を規制しているが、中国にはそんな規制はない。もっとも、欧米のポルノについては規制があるが、そのほかについては基本的におおらかなものだ。

言論の自由がないとよくいわれるし、欧米や日本の価値観からすればそのとおりなのだが、取り締まりの対象は唯一「反政府的言辞」に限られている。つまり、政府の転覆を扇動したり、共産党を真正面から批判したりする言動が取り締まりを受けることになる。逆にそれ以外は基本的にOK、というのが中国という国だ。ある意味では、きわめてわかりやすい。私など、その自由さやおおらかさに戸惑うくらいである。

## 海外直接投資は広義の第三次産業に

アメリカ資本の外食産業に話を戻そう。先にも中国の都市部における物価に触れたが、これらの店は決して安くはないのである。

たとえばマクドナルドではビッグマックが18元（約340円）。この値段は日本と同じくらいだが、スターバックスでは普通サイズのコーヒーが18元（約340円）、大きいサイズになると25～30元（約480～570円）だ。こちらは日本よりも明らかに高い。それでも都市で暮らす人たち——その多くは中間層に属するサラリーマンやＯＬたちは、それらを普通に買って行くわけだ。

一方、以下のことも伝えておかねばならないが、こうした価格に比して店員やアルバイトの給与は驚くほど安い。１日働いて、日本円で２０００〜３０００円程度のものだろう。最近少し上がったと聞くが、働き手はいくらでもいるので、賃金は低く抑えられている。つまり、店舗側にとっては、それだけ利益率はよくなるわけだ。

社会主義国の中国では、資本家（ここでは米国資本）が人民をいいように搾取しているというのが、本当のところなのである。

ちなみに中国商務部が発表した「中国投資指南」によると、２０１５年における対中国直接投資（1月〜10月、金融を除く）の実行額は１０３６８億ドルで、対前年同期比８・６％増だ。このうち製造業向けは３２６０億ドルで０・２％増にすぎなかった。しかしその一方、サービス業向けの海外直接投資はすこぶる好調で、同時期の実行額は６３４２億ドル、対前年同期比19・４％の増加となっている。この市場に投資が集中しているのがよくわかる。

中国の統計で、第三次産業のうちどの分野をサービス業に分類しているかはつまびらかでないが（数値から類推すると、形のある財を取引する卸売・小売業を除いた広義の第三次産業と思える）、重要なのは製造業向けの投資が尻すぼみするなかで、その2倍近い投資が中国のサービス業（広義の第三次産業）に対して行われたということだ。

具体的には、宿泊、レジャー、教育、情報、通信、医療、外食などのサービスを提供する産業全般と考えていいだろう。つまり外国資本もまた、「消費市場としての中国」に対して積極的に直接投資し始めたのである。

## 中国でも行列のできる日本のラーメン店

ご存じのように、ラーメンはそもそも中国から日本に伝わったものだが、日本風にアレンジされたラーメンが中国市場に参入している。「味千《あじせん》ラーメン」「一風堂《いっぷうどう》」などだ。

もちろん中国には地場のラーメン店が星の数ほどあり、どこも1杯5～15元ぐらい（場所によって格差がある）で食することができる。一風堂は2013年に私の住んでいる深圳にも開業したが、値段はかなり高い。にもかかわらず、羅湖《らこ》商業城地区にあるこの店は大いに繁盛している。香港でも行列ができると聞く。

こうしたラーメン店が評判になるベースには、当然ながら嗜好の多様性がある。それとともに、中国人の舌が肥えてくるに従って、価格に対して美味いかどうかをシビアに評価するようになってきたことも挙げられる。ことに収入が増えた中間層にとって、評価対象として楽しめる食品が格段に増えたわけだ。

そこに「日本風ラーメン」という新しい選択肢が加わった。「新しい」「珍しい」「面白い」といった要素は、中間層がことに好むものだ。「日本風ラーメン」は、「ちょっと試しに食べてみようか」というニーズを掘り起こすのに成功したといえる。

中国では、その「ちょっと試しに」が、おいしかった、自分の口に合ったとなると、すぐに評判が立つ。そして、SNSでその評判は瞬く間に広がっていく。広告料を払わないでも、人々が勝手に宣伝してくれるわけだ。しかも、その口コミは何億人もの人に及ぶ。「評判になったラーメン」を食べようとする人の数を考えれば、もうそれだけで採算が保証されたも同然といえる。

中国ではSNSを味方につけられるかどうかが、非常に大きなポイントとなる。そのためには、最初に「いい評判」をどれだけ得られるか。ことに新規出店した場合の、それがカナメといえるだろう。

## 外食産業は現地の客の「美味い！」に合わせよ

一風堂は2003年に中国企業と合弁会社をつくって上海へ進出したものの、4年後に撤退した苦い経験がある。このとき創業者の河原成美氏は、「国が違えば、商習慣、人間の性格、味覚、すべてにおいて異なる。そんな当たり前のことを、身をもって学ぶことができた」という。

このときの撤退の理由を「日本風の味にこだわりすぎたから」と評する人もいるが、河原氏によると、実情は中国の商習慣の違いやマネジメントのやり方にあったようだ。とはいえ、外食産業で成功するコツは、「郷に入れば郷に従う」ことである。オリジナルの味を大切にすることは大切だが、それに固執するのはよくない。

食べて、飲んで、味わって、その料理を評価するのはあくまで中国の人々である。だから味つけは、彼らが「美味い！」と思う味に合わせるのが鉄則といえる。日本だってそうだ。横浜の中華街でも神戸の南京町でも、出てくる料理は日本人の味覚に合うように調整されているのである。

現地に合わせるという経営方法は「味千ラーメン」も同じだ。熊本を発祥とする同社は、１９９５年に北京に1号店を出店。その後中国各地で一気に店舗数を拡大し、現在は６００店以上もの店を展開している。同社は本来の主力メニューのほかにも数多くの料理を取りそろえ、ちょっとしたファミリーレストランのような様相を呈している。

現地風ということでは、牛丼の吉野家のメニューも日本とはかなり違う。同社は１９９２年に北京で開店。現在３００店舗を展開するまでに至っている。同社も牛丼以外に数多くのローカルメニューを取りそろえているのが特徴だ。日本では考えられないメニューまである。

## 開店までは苦労だが儲かる商売

外食産業の面白さは、その伸びしろの大きさ、可能性にあると私は思っている。中間層の台頭によって確固とした消費市場が形成されたことは大きい。重ねて強調するが、この層の人たちは、日本と同程度またはそれ以上の価格にも、きちんとお金を支払ってくれるのだ。ことに飲食業の場合、日銭が入ってくることは何よりもありがたい。製造業のように、何カ月もの長い支払いサイトに悩まされなくてすむからだ。

中国では夫婦共働きが基本なので、奥さんが家事に専念することはあまりなく、2人で外食をするというパターンがどうしても多くなる。しかも母集団がべらぼうに大きいから、外食産業は今後ともますます伸びていくだろう。

ただし、出店まではたいへんである。まず許認可を取得し、従業員の募集と面接をしなければならない。「日本語できます」といって、ほとんどできない人たちがたくさん応募してくる。採用してもらうため、あるいは自分を少しでも高く売るための、それは彼らの身についた方便なのだ。いちいち目くじらを立てるほどのことではない。

いずれにしろ、応募者の中から誰かを管理責任者に抜擢しなければならない。適切な人物がいなければ、ほかの店から引っ張ってくることが多い。さらには従業員の寮の確保。２ＬＤＫぐらいを借りて、２段ベッドを１部屋に４つぐらいで８人分だ。大都市では事務所経費も住居費もともに高騰しているから、これらを手あてするのは想像以上にたいへんなのである。

たいへんではあるが、飲食業は顧客さえコンスタントに来店してくれれば十分に儲かる。たとえば焼肉店なら、客単価にして１５０元から２５０元は確保できる。日本円では３０００円から５０００円といったところだ。

日本人の感覚からいえば少々高めかも知れない。でも、ヘンな比較だが、中国ではハーゲンダッツのアイスクリームは安いもので約４００円、専門ショップなら６００〜７００円もするものもある。つまり日本よりも割高な価格なのによく売れている。現在の中国はそういう物価水準になっているのだ。

さて、飲食店であれば当然、酒も提供することになる。サントリーのハイボールが１杯28元、日本円で５００円強。日本だったら安い店なら３００〜４００円ぐらいで飲めるが、中国では割高である。ある日本料理店では35元取っているから７００円弱。それでも中間層の人たちは、この値付けでも文句はいわないだろう。

酒の原価など高が知れているから、客が飲んでくれればくれるだけ利益が膨らむ。なお、ローカルの飲食店で生ビールを飲むと、ときどきおなかを壊すので要注意だ。

　ということはともかくとして、飲食業はまだまだ有望な市場である。加えて、何か一つ他の店と差別化できる料理やイベント、内装などによって、店の個性を演出できればなおよい。

## 日本料理店に必要なのは「味の品質管理者」

　広義のサービス業、中でも飲食業は、中国ではまだ日本企業の優位性が発揮できるビジネス、つまり「勝てる領域」だ。その優位性の要素には、日本企業による「品質管理の高さ」が挙げられる。

　中国に進出した飲食店で成功している事例は、日本企業が直接運営しているか、日本人が品質管理の責任者を務めているという場合が圧倒的に多い。味が落ちないのだ。この役割をローカルスタッフに任せてしまうと、たいていの場合は店の味が落ちる。品質管理に対する考え方が違うからだ。米国食産業で例えばマクドナルドのハンバーガーのように調理加工するだけならアルバイトなど誰にでもできるが、日本料理店はそうはいかない。

　深圳にある飲食店は——日本料理店でも日本風の焼肉店でもいいのだが、客単価が150～300元（約3000～6000円）でも、味がいいからけっこう流行《はや》っている。その味は日本人が守っているのだ。

かつては日本の寿司店もずいぶん珍しがられたものである。日本人の板前がいて、日本から取り寄せたおいしいご飯でぴしっと握る。そんな贅沢な寿司コースを1人2万円近いお代を払ってでも食べるのが、かつては富裕層の、現在は中間層のステータスとなっている。とはいえ、今では寿司店が多くなりすぎて、いささかその新規さや珍しさは低減してしまった。

「新しい」「珍しい」「面白い」は、最初に客を引き入れるための大切な要素だが、店を継続するにはやはりリピーターの存在が不可欠である。そのリピーターを味で生み出し、味でつなぎ止めるのが、店を取り仕切る日本人の最も大切な役割といえよう。私が安心して大切なクライアントの接待に選ぶのは、もちろんそんな店である。

ちょっと余談だが、最近私の友人である女性2人が、共同経営で深圳にイタリア料理店をオープンした。店の広さは200平米くらいだろうか。招かれて行ってみたが、なかなか洒落た店である。味も悪くないので、中華料理に飽きた日本人を連れて行くにはちょうどいいかなと思っている。

ところで、その店に招待された折に、家賃を聞いてびっくりした。何と月12万元だというのだ。日本円にすれば約2400万円である。つまり、年間3000万円近くが家賃だけで吹っ飛んでいく計算だ。

それに厨房や内装に約2000万円のお金をかけているという。うまく当たればすぐにでも回収できるが、だめなら膨大な借金が残る。先に外食産業のうまみを書いたが、大都市での家賃を考えれば、飲食店がリスキーな商売であることに変わりはない。

もちろん友人たちも、それを承知でチャレンジしたのである。中国人のたくましさをあらためて実感するとともに、2人の成功を祈るばかりだ。

## 日系が活躍する中国のコンビニ業界

次に、中国で大健闘している日系のコンビニについてお話ししよう。

私が北京大学に入った1993年当時は、もちろんコンビニもなければスーパーもなかった。あるのは肉や野菜を売る小売店だけだ。しかもそれらの店は、ほとんどが量り売りで商売をしていた。こういったマーケットを「農貿市場（ノン・マォ・シー・チャン）」という。店には「何グラムでいくら」という価格表示もない。では、どうやって商品を手に入れるかというと、店先で交渉するのである。交渉しなければ生きていけない世界が、首都北京には当たり前のように広がっていたのだ。

その当時と比べるとまさに隔世の感がある。大きな都市だけでなく、地方都市に行ってもコンビニはある。ことに大都市での林立ぶりは日本と全く変わりはない。加えて、多くの日系コンビニが、中国で成功しているのを目にするのはうれしいものだ。地方都市への展開はまだまだこれからだし、地方都市でも未開拓のエリアは膨大に残っており、コンビニの出店攻勢は今後も続くだろう。

コンビニの利益率は他の小売に比べて高いが、価格もけっして安くはない。日本に比べて少しだけ安いかな、という程度だ。中間層の人たちは日本と同程度の価格でも毎日のように利用している。都市部の住民の所得水準が容易に想像がつくだろう。

上海では最初に進出したローソンが強く、北京、深圳、広州などではセブンイレブンとファミリーマートが強い。うまく棲み分けしている。

日系以外の外資系コンビニは少なく、競合しているのはローカルのコンビニだが、日系に比べて食料品は粗末なものが多いように思える。とはいえ、地の利は彼らにあるのだから、勢いのある日系といえどもうかうかはできない。

## サントリー烏龍茶の成功はカルチャーの輸出

ところで、コンビニには日本製のビールも置いてあるが、中間層が好むビールはドイツビールやベルギービール。ブランドはさまざまだ。加えてバドワイザーやハイネケンといったところか。日本のビールは日本料理店や日本人駐在員向けに限定されていて、一般の中国人にはあまり飲まれていない。味がどうのというより、ブランドがあまり浸透していないことが大きいと思える。

コンビニにはソフトドリンクやコーラのほかに、日本茶やサントリーの烏龍茶まで並べられている。それを多くの中国人が当たり前のように買って行く。どの街でも見かけるごくありふれた日常の風景である。こういう光景を日々目にしていると、日中で武力衝突など起こりようがないと、私には思えるのだが……。

ところで、不思議に聞こえるかもしれないが、中国ではウーロン茶を飲む習慣はなかった。ウーロン茶は基本的に福建省の一部や台湾で飲まれていたローカルなお茶である。しかも、お茶を冷やして飲むなんてことを中国人は考えもしなかった。

このことはアメリカ人が、熱いコーヒーをわざわざ冷やして飲むことなど想像できないのと一緒だ。にもかかわらず、サントリーはウーロン茶という、一般の中国人があまり口にしないお茶の銘柄と、それを冷やして飲むという飲み方までも一緒に輸出したのだった。

つまり、サントリーは商品そのものではなく、その飲み方も含めた「新しいカルチャー」を紹介して中国で成功を収めたのである。同様に日本のコンビニもまた、狭い店舗で効率よく商品を展示して売るための、きわめて日本風にアレンジされた「コンビニ文化」を、緻密な配送システムのノウハウをも含めて中国に輸出し、それを中国に根づかせたといえよう。

私はここに、日本企業が勝ち残れるヒントがあるように思える。つまり、物量の国である中国に対してモノそれ自体で真っ向勝負を挑むのではなく、緩い変化球やチェンジアップを織り交ぜながら、知恵とソフトをうまく融合させて、最終的に勝ちを導き入れるという戦法だ。この方法は商品開発という領域や小売業という業態を超えて、さまざまな場面で活用できるはずである。

最後に、お茶とビールについての蛇足を一つ述べておく。中国では冷たいものは身体によくないといって飲まない人が多い。また、キンキンに冷えたビールを好むのは日本人の習性であって、中国ではビールを出すとき冷たいのがいいか常温がいいかと確認されるのである。

## スマートフォンをかざすと野菜の生産地情報を表示

近年における中国人の健康意識の高揚は、特に中間層の人々に「健康はお金で買うもの」との考えを定着させたように思える。そんな例の一つを、スーパーの野菜売り場に見てみたい。

かつては糞尿に、そして近年は農薬にまみれた野菜が数多く出まわり、多くの健康被害が中国で発生したのは、日本でもいくつか報道されたのでご存じの方もいらっしゃるだろう。この結果、衛生や食に関する意識が高まり、中国の庶民はさまざまな防衛策をとるようになった。

その一つが、信用できる店で、たしかな品質の野菜や果物を購入することだといえる。そうしたニーズに応えている一つの例が、中国に進出して拡大を続けているイオングループの大型モール（スーパーマーケット）での取り組みだ。

このモールには一般の野菜コーナーのほかに、「有機野菜」と「無農薬野菜」の特設コーナーがしつらえてある。ただし、特設コーナーに並べられている野菜や果物は、一般の商品の3倍近くの価格である。それでも中間層以上の人たちの多くは、そちらの「安全でおいしい」野菜を買っていくのだ。

同モールでは日本と同様に野菜の産地を表示し、信頼できる農家と取引をしていることをアピールしている。いうまでもなく、消費者に「安心感」を与えるためだ。こうした取り組みは、イオンだけではなく、イトーヨーカ堂など日系のスーパーでも行われている。取り入れられたのは、スマートフォンをかざすと生産地情報が表示されるという仕組みだ。

今後、こうした消費者対応の仕方がますます増えていくだろう。逆にこのことは、中国人中間層に、「余分にお金を出してでも安心を買いたい」という意識を醸成しているのである。

## ユニクロの成功はブランド戦略の大勝利

話をユニクロに移す。

中間層のみならず、中国人全体の購買力が飛躍的に増したことによって、外資系メーカーの多くが「中国で作って自国で売る」というビジネスモデルを、「中国で作ったものを中国で売る」というモデルに変更した。この変更をいち早く推進し、中国市場で成功を収めているのがユニクロ（株式会社ファーストリテイリング）である。

ご存じのように、ユニクロのもともとのビジネスモデルは、「自社で企画した品質のいい製品を、中国への委託生産で安く大量に作り、それを日本で安く大量に販売する」というものだった。商品を買う日本人の感覚も、「安くても品質はいいから、ユニクロとばれないように着る」というものではなかったか。

そのユニクロが中国での大成功を媒介として、旧来のブランドイメージを見事に覆し、今や確固たるグローバルブランドを築くまでに躍進を遂げたのである。会長兼社長の柳井正氏は「短期的にも長期的にも、中国でのビジネスは大いに成長していく」として、「中国で毎年100店舗ずつ新規出店を続け、できるだけ早く1000店を達成した上で、最終的には3000

店くらいまでに拡大する」との目標を明らかにした（２０１５年9月、上海で行われ記者会見での発言）。

２０１５年11月現在、日本店舗８４４店に対して中国本土の店舗数は４１５に上る。同社のフラッグシップ店の一つは香港にあり、この地域の15店舗を入れると中国の店舗数は４３０店舗だ。日中の逆転はもはや時間の問題といえるだろう。

同社の勝因は、中国社会に「ユニクロ」のブランドを完全に定着させたことによる。先にもいったとおり、中国では「ブランド」＝「品質＋信頼」なのだ。

まずユニクロは、上海や香港や北京など、中国でも洗練されたイメージを持つ大都市に最初に進出し、しかもそれらの都市の一等地に出店した。日本での出店が、当初ロードサイドから始まったのとは大違いだ。もっとも、同社は05～06年、北京に2店舗を出店したが、その後閉店している。思うに、日本でのブランドイメージを引きずったまま、あるいはそれを整理できないまま出店してしまったからだろう。

同社はその失敗を見事に生かした。大都市の一等地に旗艦店となる店舗をそびえ立たせることによって、「都会的」「ハイセンス」「アクティブ」「若々しい」といった非常にポジティブなイメージを、最初の段階で多くの中国人に植えつけたのである。

## 上海ではディズニーとコラボするユニクロ

その後もこうしたコンセプトを崩すことなく、ユニクロは主要都市に店舗展開を続けた。そして2015年9月には、ディズニーと共同開発した商品の専用売り場を備えた巨大店舗をオープンしたのである。これがユニクロの上海グローバル旗艦店だ。

いうまでもなく、2016年の上海ディズニーランドの開園を意識した施策である。ここにユニクロは、アメリカのディズニーに匹敵する高級ブランドイメージを、中国において確固としたものにしたのだった。

ユニクロのグローバルブランド戦略は、世界の主要都市にグローバル旗艦店を作り上げることで遂行されてきた。それが遅れていたのは、本国の日本だった。2010年の心斎橋店に次いで、2012年に世界最大規模の銀座店をオープンさせたことで、柳井会長の永年の宿願が成就したのである。

「ユニクロがアジアの各国で、そしてグローバルでナンバーワンブランドになるためには、まず日本で圧倒的なナンバーワンブランドにならなくてはならない。そのために、この銀座店を作った」というのが、同店開店時の柳井会長の言葉だ。

こうして形づくられたブランドだからこそ、中国人観光客は日本のユニクロ店舗で、「メイド・イン・チャイナ」と知りつつ商品を大量に購入するのである。カッコいいユニクロのいい商品が、日本では中国よりも安く入手できるのだから。

なお、ユニクロは2015年の2月より、都心と地方都市を中心とする全国31の店舗で外国人観光客向けの消費税免税サービスを開始した。該当店には免税専用カウンターを設置し、通訳スタッフを拡充するという。これは明らかに、増え続ける中国人観光客をターゲットにしたものだろう。

また、ユニクロはEコマースの活用にも熱心で、自社ブランドを上手に活用している。2015年には中国で「独身の日」とされる11月11日に、アリババが運営するネット通販サイト「Tモール（天猫商城）」を使って1日限定セールを実施。まさに1日だけで114億円以上を売り上げたのである。この売上は同サイトの全業態の中でも4位、アパレル部門ではもちろん1位だった。

## 「消費市場としての中国」の未来像

このように中国で売上を伸ばし続けているユニクロだが、象徴的なのは、同社が中国での生産量の割合を徐々に落とし続けていることだ。現在では中国以外に、ベトナム、バングラデシュ、インドネシア、そして2015年からインドでも生産を開始した。同社は「将来は中国以外の国で3分の1、中国は3分の2にしたい」としている。

中国は人件費の高騰が著しく、同社が中国で生産し続けるメリットは徐々に小さくなっている。それでも安定供給のためには、中国企業の存在は欠かせないのだ。

ただはっきりしているのは、ユニクロが自社のビジネスモデル（自社企画の製品を中国で安く大量に作り、日本で安く大量に販売する）に組み入れた中国の位置づけを、「工場としての中国」から「消費市場としての中国」へとシフトしたことだ。

中国の膨大な人口と、今後とも収入に余力を持った中間層が生まれ続けるという現実を考えれば、私はユニクロの潜在マーケットの大きさは、まだ十二分にあると思っている。というのも、ユニクロが展開している店舗は、まだ大都市にとどまっているからだ。

しかし、2級都市と言われる地方都市でも、テレビやインターネットの普及とともにファッションセンスは年々向上している。つまり、「品質がよくてカッコイイ」ユニクロへのニーズが大きくなることは自明なのだ。

ファッションは何といってもブランド力がものをいう世界だ。ファストファッションであっても、そのことに変わりはない。いくら中国人が真似しても、ユニクロというブランドを、その質と量において超えるアパレルメーカーが早々にあらわれるとは思えない。今後ともユニクロの進撃は続くだろう。

いや、ユニクロばかりではない。同じ小売りでもコンセプトは異なるが、無印商品（良品計画）の業績も中国では好調に推移している。

同社は２０１６年２月期通期の業績予想を上方修正し、連結売上高を３０６７億円と発表した。前年同期比で約18％もの増だ。好業績の要因は中国にある。ことに化粧水などのリーズナブルな値付けが中間層に支持され、売上を大幅に伸ばしているという。

同社では２０１５年12月、中国・上海にグローバル旗艦店となる「上海淮海７５５」をオープンした。売り場面積８４０坪を超える。同社の中国での店舗数は２０１４年２月期に１００店舗となったが、これを２０１６年度末には２００店舗にまで拡大する予定としている。

ユニクロも無印良品も、その焦点は縮小し続ける日本市場から、増加し続ける中国の中間層に移ったといえるだろう。

第3の理由

# 日中経済補完による観光立国への提言

——中国人観光客を地方活性化に結びつける

## 観光立国には「訪日旅行者3000万」が最低ライン

「第1の理由」で述べたように、2015年の訪日中国人数は対前年比2倍以上、過去最高となる約500万人（香港・台湾を除く）となった。これは日本政府によるビザ発給要件の緩和（自由旅行ビザは最低年収10万元＝約200万円以上の所得層に発給）にもよるが、実際に日本を訪れているのは、世帯年収（副収入も含む）600万〜900万円程度の中間層である。このことを観光庁の発表に基づいてもう一度まとめてみよう。

それによると、2015年の訪日外国人旅行者数は1973万7000人（前年比47％増・過去最多）、彼らが日本で消費した金額も過去最高の3兆4771億円（同71％増）だった。この金額を1人当たりの平均で見ると17万6168円（同16・5％増）となる。

では、中国人が支出してくれた金額はどうだったか。その総額は1兆4174億円（前年比153・9％増）、1人当たりの支出では28万3842円（同22・5％増）。いずれも他の国を引き離して断トツの1位である。

しかし、私にいわせれば、この数字はまだまだ少ない。「中国観光業発展報告」によると、2014年の中国人海外旅行者数は前年比18・7％増の延べ1億1000万人だった。この人数はほぼ日本の総人口に相当する。海外旅行者数は毎年平均10%ずつ増えているというから、15年も同程度の伸びなら約1億2000万人となるが、訪日中国人数の500万人という数値はこの4%程度でしかない。全体の中国人旅行者数からすれば、まだ極めて少ないのである。

日本が国を挙げて「観光立国」をめざすなら、私は1億2000万人の12~13%程度、つまり1500万人の中国人観光客が日本に来てもおかしくないと思っている。ちなみに、これだけの数の中国人が1人当たり28万円を消費してくれれば、もうそれだけで日本の外貨獲得高は何と4兆2000億円に跳ね上がるのだ。なお、中国外交部（外務省）は2020年時点での中国人出国者数を延べ1億5000万人と予測している。

ところで、日本政府が「観光立国の実現」を国家的な課題として位置づけ、「観光立国推進基本法」が設立したのは2007年。その翌年に設定された訪日外国人旅行者の目標は1000万人だった。その後、この目標人数は2000万人に設定し直され、さらに2009年9月には、「2013年までに1500万人、2016年までに2000万人、2019年までに2500万人、最終目標値としては3000万人」というふうに、段階的に「外客誘致目標」の数値は引き上げられていったのである。

したがって、2015年の訪日外国人旅行者数1974万人という数値は、2016年の目標値を1年前倒しで実現したことになる。しかし、最終目標の3000万人を達成させるには、以下に挙げるようなさまざまな課題をクリアしていかなければならない。そしてただ一つ明らかなのは、訪日中国人観光客の数が全訪日外国人数の4分の1にまで達している事実からして、この目標の達成には中国人観光客の大幅な誘致増が最大の眼目になるということである。

## 後手後手にまわる政府のインバウンド対応

それにしてもお寒いのが、日本の観光振興予算である。「訪日外国人旅行者数3000万人」の目標を打ち出した2009年こそ、前年予算63億円の2倍に当たる127億円が計上されたが、その後はずっと100億円+アルファという低予算に据え置かれていた。これがなぜ低予算かというと、国土の面積が東京都ほどしかないシンガポールの観光予算157億円（2014年度）よりもさらに低いからだ。

日本政府は2015年の訪日外国人旅行者数の大幅アップを受け、観光庁の2016年度予算を慌てて前年の倍以上の245億円に引き上げた。しかし、旅行客受け入れのためのインフラ整備には当然大きなタイムラグが生じる。遅きに失した感が否めない。

その端的なあらわれが、来訪者の宿泊施設が「ホテルバブル」といわれるほど値上がりしていることである。これを実感しているのは私自身だ。

ビジネスで東京をはじめ日本の主要都市を訪れるが、今まで1万円ほどで泊まれたビジネスホテルが1万5000円以上、場所によっては2万円近くにまで値上がりしているのには驚く。どこからも満室といわれて、泊まれるところを探すのに苦労したこともたびたびある。これでは出張の多い日本のビジネスマンは、さぞかし大変だろう。

とはいえ、この現象は何も外国人旅行者、その中でもいちばん多い中国人旅行客のせいではない。彼らは日本がおもてなしすべき対象であり、日本に膨大な外貨を落としていってくれる大切なお客様なのである。このことを忘れてはならない。

ところで現在、ホテルの建設が急ピッチで進む一方（これは東京オリンピックの需要も見越したものだが）、規制を緩和して民泊を増やそうという議論がなされるようになった。こうした動きはいいことだと思う。だが当然、トラブルも想定される。早急に対策を打つ必要があろう。

## 日本の海外旅行者受け入れ数は世界16位

さて、日本は中国人の「爆買い」に沸き立っているが、中国人は日本が大好きで、日本だけを選んで来訪している、というわけではない。海外渡航の自由を得て以来、中国人はさまざまな国に旅行するようになった。近いところでは韓国やタイ、欧米各国、オーストラリアなどで、日本はこれらの旅行先の一つにしか過ぎない。

ちなみに、政府観光局（ＪＮＴＯ）の調査によると、中国人観光客が好んで訪れたアジア諸国は（２０１４年）、１位が韓国で６１３万人、２位のタイが４６３万人、そして３位の台湾が３９９万人だ。もっとも、日帰り旅行を含めると香港には４７２５万人もの中国人が押しかけている。日本への観光客は２０１４年では２４１万人にすぎなかった。

にもかかわらず、中国人来訪者数が約５００万人にも増えた要因は、「第１の理由」で述べたように間違いなく円安効果によるものだ。もちろん他の理由として、中国から比較的近くて旅行しやすいということ、さらには安心・安全というセキュリティのよさ、そして買い物における日本製品への信頼などもあるが、やはり最大要因は「円安＝相対的な元高」と考えてよい。

逆にいえば、中国当局による元安オペレーションや、世界の金融マーケットにおいて人民元に対する信認が失墜するような事態になれば、「円安」→「爆買い」の方程式が成立しなくなり、中国人観光客が一気に減少する可能性もある。また、上得意客であった中国人観光客を日本に奪われた韓国が、観光振興に向けた施策を繰り出してくるのは必至だ。

それにそもそも、日本が３０００万人の訪日客を目標にしていていいのか、という問題もある。「観光立国」をめざすといいながら、その程度で満足していていいのか、と。

世界観光機関の調べによると、２０１４年時点における国際観光客到着数（海外旅行者受け入れ数）のランキングでは、日本は１３４１万人で22位。韓国（１４２０万人）の20位よりも下位に位置していた。２０１５年における他国の受け入れ数が変わっていないと仮定すれば、日本の約１９７４万人は15位のギリシャ（２２００万人）の下あたりになる。

ちなみに、２０１４年時点で国際観光客到着数が最も多いのはフランスの８３７０万人、２位がアメリカの７４７６万人、３位がスペインの６５００万人で、中国が４位（５５６２万人）、イタリアが５位（４８５８万人）となっている。国土の大きさからして中国やアメリカにはとてもかなわないが、ヨーロッパ諸国（７位のドイツ、８位のイギリスを含めて）の観光振興策を日本はもっと学び、採り入れるべきではないだろうか。

なお、フランスにおいても中国人は上得意客であり、２０１３年のデータによれば１７２万人が訪仏している。現在はもっと増えているだろう。フランスの観光振興協議会は２０１４年、訪仏外国人数を１億人にすることを目標にさまざまな方策を打ち出したが、その中の一つは「中国人観光客に向けてショートメッセージサービスを導入する」であった。

## 中国人観光客の訪問地は大都市周辺に偏りすぎ

さて、訪日外国人向けの宿泊施設が足りないといわれているが、中国人観光客の訪問地域は偏っており、大都市に宿泊者が集中しているのが現状だ。観光庁が作成した「外国人延べ宿泊者数」（2014年）の国籍別データを見ると、このことがよくわかる。

都道府県別では1位の東京（194万人）、2位の大阪（138万人）が突出しており、3位に千葉（82万人）が入っているのは東京ディズニーランドがあるからだろう。4位の北海道（67万人）は冬季レジャーや海産物が目的、5位の愛知（50万人）は空路でのアクセスのよさゆえと思える。

6位に山梨（38万人）、8位に静岡（34万人）が入っているのは、間違いなく富士山とその周辺の観光が目当てだ。他の国の外国人に人気のある京都（36万人）や沖縄（31万人）が中国人には7位と9位。そして10位に神奈川（29万人）が入っているのは東京に近いという地の利のよさゆえだろう。

他の地方都市は推して知るべし、といったところだ。東北地方の中心都市である我が故郷の仙台は、宮城県全体で延べ宿泊者数がたったの1万1550人。あまりにも寂しい。日本三景の一つ、松島海岸が目と鼻の先にあり、牛タンだって美味いんだぞ、と中国の中心で叫びたくなった。

大都市近辺のホテルは満杯でも、ことほどさように地方都市は「爆買い」からも観光収入からも無縁の存在となっている。仙台にはたまに帰省するが、外国人観光客は本当にまばら。「地方創成」だとか「地方の時代」だとかいったところで、それらはほとんど政治家の掛け声だけで、地方は取り残されていくばかりである。

## 地方の実利に結びつかない海外PR作戦

ご存じのように、地方には自然が織りなす美しい風景がたくさんある。山も海も川もそれ自体が立派な観光資源なのだ。しかも日本の場合、どこにでも温泉があり、温泉旅館があり、さまざまな郷土料理が楽しめる。こうした観光資源を外国人観光客と結びつけるのが、「観光立国」を標榜する政府の役割ではないのだろうか。

つまり、地方自治体や地方の観光協会、あるいは旅館組合などに押しつけるのではなく、政府自身が率先して取り組むべき大きな事業のはずだ。中国人観光客を対象にするだけでも、どれだけ多くの外貨が獲得できるかは、先に試算してみたとおりである。

たしかに中国の主要都市でも、地方自治体主催の観光案内イベントがときどき行われるのを目にするが、基本的に親善訪問の域を出ず、お役所の自己満足とその場かぎりのイベントに終わっている感が否めない。

たとえば米《コメ》。中国だけでなく、海外に日本のおいしい米を紹介するのは大切だが、それを需要に結びつけるＰＲがなされていない。日本通の外国人がそのイベントに参加して、「日本の米は実においしい」とか、「日本米を使った寿司は最高だね」とか、さんざん誉めたたえるだけだ。それが映像になってテレビで放映され、「世界は日本を愛している」というふうに編集される。

しかしこれだけでは、日本米のＰＲにも、日本への観光誘致にも結びついていない。そこにあるのは役人の自己満足と自画自賛だけ。結局、役人には予算消化しか念頭になく、イベントとその地方の「実利」をどう結びつけるかという青写真がないのだろう。

このことは日本酒でも同じだ。日本酒は近年、醸造法が飛躍的に向上して、まさに「ライスワイン」と呼ぶに値するほどにおいしくなった。私の地元の東北の酒蔵でも、心ある若者が海外市場に向けて懸命にＰＲしていたことがある。

私も同郷ということで、お手伝いしたことがある。最上級品は5万円とか7万円の値付けでも売れるのには驚いた。試飲しておいしければ、その値段でも買う外国人がいるのだ。

## 外国人観光客を地方へ――フランスと中国の賢い施策

一方、先に紹介したフランスの観光振興協議会の取り組み（訪仏外国人数を1億人にする）の中で、地方振興は重要な項目の一つになっている。そこには「『ワインツーリズム』『山のツーリズム』『エコツーリズム』と、フランスが強みを持つ明確なテーマを持ったツーリズムを国際的に売り出していく」「フランス全土の観光目的地の認知度を向上させるため、20のエリアを選定して国際的に地方の存在を強調していく」ことが、施策として挙げられている。

つまり、観光収入の増大を図るには、訪仏外国人観光客を特定の地域に誘うだけでなく、その多くをフランスの各地方に誘致し、結果的に滞在日数を延ばしてもらう。これはそういう観光政策と地方振興が結びついた施策といえるだろう。そのターゲットの一つが、年々増加する中国人旅行者であることは先に述べたとおりだ。

他方、国際観光客到着数で世界第4位（2014年時点で5562万人）の中国政府もまた、世界中からたくさんの観光客を集めようとトップダウンでさまざまな施策を講じている。観光を担当する役人が世界各国をめぐり、先方の担当者とネゴをして、観光客の誘致に血眼になっているのだ。というのも、年間の観光客数が国家の目標として掲げられ、観光地を持っている省ごとに数値が割り振られて、各地方の役人たちにはそれを達成するノルマが課せられているからである。

また、今まで上海にしか就航していなかった旅客機を、上海から内地の空港にさらに飛ばしたり、あるいはコードシェア便（共同運航便）にして重慶や武漢に向かわせるとか、中国では政策的にいろんなことができる。移動距離が増え、さらに訪問する観光箇所が増えれば、それによって観光客が増え、役人は目標を達成できるので万々歳だ。一方観光客も、そうした施策によってトータルの飛行機代が安くなるといった恩恵を受けることができるわけである。

## もっと地域縦断的な地方の活用を

旅行者としての私たち自身を振り返ってみると、フランスなら最初はパリの市内観光だけで、中国なら北京観光と万里の長城見物だけで旅行の日数が尽きてしまう。最初の入口はそういうものだ。しかし、リピーターとして再訪するときには、新たな観光地に行こうとする。この新しい「観光地への回路」をこそ、日本政府は政策として整え、訪日観光客にもっと真剣にアピールしていくべきだろう。

現在の外国人観光客向けの観光は、いわば「点」だけ、あるいは近隣地域の「点と点」を結ぶだけ、といってもよい。政府に必要なのは、その「点」をつなぎ合わせて「面」にしていく方策だといえる。

中国人観光客についていえば、彼らは体験型ツアーが好きである。この性向を生かして、地方では温泉や景観を楽しむという「点」だけではなく、ぜひ体験型をその中に組み入れた「面」のパッケージを作ってもらいたい。

たとえば、季節に応じた梨狩りや桃狩り、イチゴ狩りなどさまざまなパッケージが考えられる。秋であればブドウ狩りと近隣ワイナリーの見学ツアー、海の近くなら漁港でのセリの見学ツアーと料亭や旅館でのマグロの解体ショーを組み合わせるのもいいだろう。これらに都会の名所めぐりでは味わえない、日本の四季が織りなす美しい景観を配置するわけである。

要は、地方自治体単位の景勝地を「点」で結ぶだけでなく、近隣県の観光資源を「面」として活用して、中国人をはじめとする外国人観光客の誘致策を講じてもらいたい。中国人観光客のショッピングニーズが高ければ、しかるべき大型店や商店街にバスで送迎するなど、相互補完的な連携はいかようにも可能だ。

たとえば外国人延べ宿泊者数（2014年）のデータを見ると、京都府は295万人であるのに対してお隣の奈良県はわずか11万人にも満たない。観光バスでなら1時間で行けるにもかかわらず、である。

奈良市内には神社仏閣だけでなく、いにしえの都として京都に劣らぬほどの文化財がたくさんある。奈良公園を散策して鹿たちと戯れることだっていい体験だ。町並みにも京都とは違った落ち着いた風情があり、何よりも京都のように観光客でごった返していない。奈良をJR東海のPRだけに終わらせるのは、いかにももったいないと思うのは私だけではないはずだ。

もちろん、京都からなら滋賀県も目と鼻の距離だ。琵琶湖という観光資源に恵まれているのに外国人延べ宿泊者数22万人と、これまた京都の10分の1にも満たない。それもこれも、観光誘致が地方自治体まかせだからではないか。国として「訪日外国人観光客3000万」をめざすなら、もっともっと地方を地域縦断的に活用すべきである。

## 習慣の違いには注意と理解を

妻から聞いた話しだが、ある温泉旅館に宿泊した折、多くの中国人旅行客と一緒になったという。温泉に入っていたら、彼らが大勢で入ってきた。見ると、みんな下着姿だったのでびっくりしたという。

たしかに中国の習慣からすると、公共浴場では前を隠して入らないといけない。つまり、スパと同じ感覚である。したがって、添乗員や世話人が、日本の温泉に入るときの入浴法やマナー、習慣を前もってちゃんと教えてあげないといけないわけだ。

中国人がわいわいがやがやと、大きな声でしゃべり合うのも中国の習慣である。日本人がそれをうるさく感じるということも、事前に教えておいてあげれば、彼らだってある程度は自制する。ほかにも、痰を吐くとか、地べたに坐るとか、ところ構わず食べ物を口にするとか（この5年ほどでこのような中国人に会うことはずいぶん減少した。時間とともにスマートになりつつあるが……）。日本人はそれらを見て、マナーが悪いと眉をひそめるが、むしろ教えない日本人が悪い場合だってたくさんある。

私たち日本人だって、強くなった円を武器に欧米諸国をのし歩いたころは、習慣の違いがわからずにその国の人たちにずいぶん顰蹙《ひんしゅく》を買ったはずだ。今日本に来ている中国人中間層の人たちも、そういう人たちだと思えばいいだろう。

それに加えて、たとえば西洋人には箸の使い方を教えるのに、中国人をはじめアジアの人たちは同じ文化だと思って教えようとしない。ことに外国人を迎え入れる地方の人は、国が違えば文化も習慣も違うということをよくよく認識すべきだろう。

とはいえ、こうした慣習の違いについても世話人や旅館に任せるだけでなく、言葉のサポートも含めて地方自治体が（あるいは国が）支援活動すべき領域である。役所が旅館組合全体の翻訳を受け持つとか、大量の中国人団体客を受け入れることになった旅館には適切な通訳を斡旋するとか、さまざまな支援やバックアップが必要だろう。

また、宿泊施設にはイラストやピクトグラム（非常出口などに代表される絵文字）の活用が、今後さらに重要になってくるだろう。たとえば箸の持ち方に関しては、箸袋を開くとその使い方がイラストで描いてあるというように。同様に温泉風呂の入り方についても、外国人に対して同じようにわかりやすくイラストで説明すべきである。禁煙などさまざまな禁止事項も、ピクトグラムであらわすようにすればどの国の人にもわかってもらえる。
そうした努力をしないで、単に眉をひそめているだけでは、国も地方もインバウンドを活用した国おこし、町おこしはいつまでたってもできないだろう。

## 騒々しい中国人団体客と日本人客とを「分ける」法

さて、団体での海外旅行では日本人でもそうだが、とりわけ中国人の場合は概して声が大きいため周囲の客からうるさがられる。とはいえ、日本の飲食店では中国人団体客は大歓迎だ。何といっても客単価が高く、店の儲けに多大な貢献をしてくれるからにほかならない。しかしだからといって、その騒々しさによって日本人顧客の足が遠のくのは何としても避けたいところだ。

実は私は中国人や外国人を接待するとき、京都市内では「がんこ寿司」の高瀬川二条苑を使うことがある。繁華街の一角にあり、鴨川にも近く、しかも店の中には大きな日本庭園がある。もとは角倉了以《すみのくらりょうい》の屋敷があったところで、食後にはその庭園を散歩できるため、中国人ならずとも外国人にはとても喜んでもらえるからだ。あるときその店に中国人団体客が何十人も押し寄せ、飲めや歌えの大騒ぎを演じているのにでくわした。そこに居合わせた日本人客の様子を見ると、中国人団体客のうるささに対してみな一様に眉をひそめている。私はたまたま居合わせた客の1人にすぎないが、これはちょっとまずいなと感じた。

では、どうしたらいいのだろうかと、自分なりに考えてみた。「中国人団体客にたくさんお金を落としてもらう」ことと、「日本人客の足をつなぎ止める」こと。この二つを両立させるための最もよい方法は、「日本人客と中国人団体客とを分ける」ということに尽きる。それが私の考えた暫定的な結論である。

店舗や施設の大きさや造りによって、どう「分ける」かにはさまざまな方法があるだろう。たとえば、曜日によって分ける、時間によって分ける、スペースそのものを分ける……などだ。

実は日本人の団体客も、かつては海外で他の客と「分けられて」いたのである。たとえばパリのある有名ブランド店は月曜日定休日だったが、JTBがその店と交渉して月に一度だけ店を開いてもらい、その日に日本人団体客が集中するようにショッピングの日程を取り決めたという。

このやり方は中国人団体客についても適用できるだろう。日本人客が多く利用するのは週末だから、そこを避けていちばん稼働率の低い曜日を中国人団体客に割り振ればよい。中国人団体客にとっては、はばかることなく大きな声で語り合えるし、店は日本人客を失うことなく平均稼働率を高めて利益アップができるという寸法だ。

あるいはオフシーズンを中国人団体客用に設定するのもいい。それによって稼働率が高まれば、店にとっては間違いなく御の字なのだから。

## 富裕層にとっての日本旅行

ところで、かつて訪日中国人の主役だった富裕層は、現在どこへ行ってしまったのだろう？もちろんツーリストとしては欧米の高級ホテルを根城にして、1ランク上の観光やショッピングを楽しんでいるのだろう。あるいは南の島々にある高級リゾートで、優雅なバカンスを楽しんでいるのかも知れない。

とはいえ、彼らは決して日本を忘れたわけではないのである。もちろん彼らは爆買いなどしないし、そもそも団体旅行には参加しない。多くの場合、彼らは家族だけで来日し、かつて紹介されて気に入った高級温泉旅館や高級リゾート型ホテルを定宿にして、ゆったりとした時間の中で四季折々の日本を満喫しているのだ。

こうした富裕層のほとんどは欧米経験もあり英語が堪能なので、宿泊施設の中ではまず困ることはない。観光にはタクシーを使うが、付加料金を支払えば英語がある程度わかる運転手が案内役を務めてくれる。それに、中国語がわかる日本人はまずいないが、英語でならなんとか意思疎通は可能だ。

先にも述べたように、富裕層の多くは改革開放の波に乗って、一代で富を築きあげた人たちである。中国国内では厳しい競争が繰り返されるただ中にあって休まる暇もない。街の中は人と車の洪水だ。水はまずく、空気は汚れ、絵に描いたようなコンクリートジャングルに日々幽閉されている。

だからこそ彼らは、同じような大都市の風景などまっぴらなのである。そんな現実からひとときなりとも逃れるために、わざわざ日本にやってきたのだから。大いなるリラクゼーションとともに、中国にないものを――きれいな空や水や空気も含めて思う存分味わいたい。それが彼らの願いなのである。

## 日本の医療と中国の富裕層を結ぶ試み

実はこうした中国の富裕層に人気なのが「医療観光」だ。

中国の病院事情については「第6の理由」で詳しく紹介するが、要するに町医者は全く信用されず、各都市にある総合病院では診療待ちの患者が長蛇の列を作り、医師は流れ作業のようにして診断するだけ。まともな診療を受けたいと大都市にある大型の総合病院に行っても、そこでは何日か後の予約を取るために列を作り、その予約だって医師や仲介業者へのお金の多寡で変更されてしまう。

では、富裕層はどうしているかというと、大都市にある外資系の病院に行くのである。しかし外資系はべらぼうに料金が高い。たとえば風邪をひいて診てもらうだけで、日本円にして1万円から2万円の診察料を支払わなければならない。しかも医師は富裕層が任意保険に加入しているのをいいことに、高額な薬や検査を処方し、あるいはびっくりするような手術代を請求してくる。要は信用がおけないのである。

中国に限らず、医療における現状はアジアの国々はみんな同様と思ってよい。これらの国の富裕層は、信頼できる病院で、信頼できる医療機器を使って、信頼できる医師によるきちんとした診断を受けたいのである。

だから彼らは、わざわざ欧米の病院に行って診察してもらい、あるいは手術を受けているのだ。手術費用を除いても、その費用は高額だ。渡航費用や旅行・宿泊費も含めて1回20万元(ほぼ400万円)ほどのパック料金が設定されていることもあるそうだ。でも、もっと近い国に、彼らのニーズに応えられる国があるではないか。こうして始まったのが、日本の病院への「医療観光」にほかならない。

2015年10月1日付の『新華網』によると、この試みは2011年からすでに開始されたという。日本政府はこの段階で外国人（中国やアジア地域の富裕層）に向けた「医療滞在ビザ」を新設して、医療観光を促進しているのだ。例によってPRベタの政府によるものだから、この「医療観光」はなかなか認知されなかったようだが、２０１４年からは増加傾向にあるという。日本では旅行取扱業者と医療機関が提携して、メディカルツーリズムと銘打たれたこのツアーを推進している。ことに中国の富裕層に向けて、一部の病院では中国語の通訳を配置するなどのサービスも実施しているとのことだ。

たしかにおもしろい試みである。そこで私が提案したいのは、この対象を富裕層から中間層に広げるということだ。

## 大都市ではなく地方の総合病院を活用

健康に関するニーズは、日本人には考えられないほど大きい。

病院に行ける人と行けない人。さらには、いい病院に行ける人と行けない人とのあいだには、先に述べたような厳然たる格差が存在している。特権階級と富裕層以外はものすごい順番待ちに耐えなければならない。もうそれだけで病気になってしまう。

これに医療不信と医療体制の不備が重なる。自分の健康に直接かかわる問題なのに、まさしく「中国人は中国人を信用しない」という状態が、医療分野では続いているのだ。

私の提案は、地方の病院や医療施設を活用して、中国人を対象とした健康診断や精密検査を実施することだ。もちろん大都市やその近郊でも構わないのだが、私の意図は「地方の活性化と中国人のニーズを結びつける」というところにある。

対象は中間層。中国国内では富裕層ほどの特権的医療が受けられない層だが、可処分所得は日本人と同じかそれ以上の層だ。彼らに「信頼のおける日本の医療施設で、日本の医療機器を使って健康診断や精密検査を受診できる」という医療サービスを提供するわけだ。私たちが通常受けている定期健康診断に、多くのオプション検査を付加したものを想像してもらえばいい。

大都市の病院では人口の流入と高齢化が重なって、日本人患者だけでもう一杯の状態にある。だからこそ私は、地方の病院に期待したいのだ。地域の人口減によって経営に苦しんでいる病院には、ぜひとも耳を傾けてもらいたい。

もちろん地方といっても、日本人とのコンフリクト（軋轢《あつれき》）が心配なら、日時を限定してその日とその時間だけを中国人専用にするという方法もあるだろう。たとえば、水曜日は休診日にして、その日に中国人の団体の検診・検査日にする、というように。「日本人と分けて対処する」という方法を、ここでも応用してもらいたいと思う。

## 病院にも地方にも恩恵は広く行きわたる

私のアイデアはこうだ。まず最初に健康診断とそれにともなう種々の検査を受けてもらう。適当な総合病院がない地方であれば、複数の病院や医療機関が連携して、中国人患者（クライアント）に最も負担の少ない検査システムを考案すればよい。

検査のあとは地元の観光地を拠点としたツアーを組む。巨大レジャー施設などなくても大丈夫だ。温泉と日本の自然、四季折々の風物、山の幸と海の幸、イチゴ狩りなどのさまざまな体験、日本酒の蔵元やワイナリーなどの見学……。地元ならではのツアーを組んで、楽しんでもらえば上出来だ。中国人観光客が望むなら、近郊都市の商業施設に行く「買い物コース」をいくつか設定すればよい。近くにアウトレット店の集合したエリアがあれば、思う存分ショッピングを堪能してもらえるだろう。

最終的には受診した病院や医療施設に戻り、そこで検査の結果を確認する。もちろん結果は中国語で表記する必要がある。またこのとき、通訳を介して日本の医師からの説明とアドバイスを聞けるようにしたい。

これに加えて、さらなる精密検査が必要な場合は、滞在期間を延長して受診できるシステムも、オプションとして設けたほうがいいだろう。この場合も医師による丁寧な説明が必要なので、できれば専門用語がわかる通訳が望ましい。このときだけでも、地方の医大に留学している中国人にアルバイトをお願いしたいところだ。

健康診断は日本でも保険はきかない。これは中国人も同じだ。脳ドックなど特殊な項目は除き、基本的な健康診断は5万円ほどだが（先のオプションを付けるとプラス2万〜3万円か）、中間層にとってもさほど負担となるような金額ではない。

しかも自分の健康に直接かかわることで、年1回ですむことだ。通常1回の旅行で平均30万円近くを消費する中間層の人たちにとって、プラス5万円程度はさほどの出費ではない。「安心・信頼・病院」に「いい温泉・いい料理・いい待遇」が加味されて35万円なら手ごろな費用と見ていいだろう。

こうした施策によって、今まで中国人観光客の余録に恵まれなかった地方が、その近隣の地域とともに少しでも経済的に潤ってくれればと思う。また病院に関しては、高級医療機器は稼働率が高まればそれだけ病院側の利益が多くなる。得られた利益によって病院の経営難が解消され、その恩恵が地域に還元されるなら、こんな喜ばしいことはない。

日本政府も医療用ビザの適用拡大などによって、地方振興につながるこうした試みを、ぜひとも支援してもらいたい。

第4の理由

# 「中国崩壊論」の大ウソ

——それでも中国は成長し続ける

## 日本の書店に溢れる「中国崩壊論」

日本に帰るたびに私は書店に足を運び、雑誌も含めていろんな本を買いあさる。本屋さんめぐりは帰国時の楽しみの一つだ。もちろん、中国関係の書籍が置かれているコーナーには商売柄必ず立ち寄るのだが、いつも驚いてしまうのは『中国はやがて崩壊する』といったたぐいの書籍が数多く並べられていることである。

書名はいちいち挙げないが、日本人はそんなに中国が崩壊してほしいのだろうかと、その題名を追いながら暗澹《あんたん》とした気持ちになってしまう。中国が崩壊などしたら、いちばん困るのはほかならぬ日本であり、日本人なのに……。

もちろん私は日本人なので、日本人の一部の人たちが「中国は嫌いだ」と思っている原因や気持ちは理解できる。つきつめれば、それは次のような感情に要約できるだろう。一つは尖閣問題、歴史問題、反日運動、覇権主義的行動などに対する民族的な敵愾心《てきがいしん》。もう一つは今まで中国に対して抱いてきた優越感が、ここ何年かで覆されたことへのメンタルな反発心、あるいは心理的防衛作用ではないだろうか。

だけど、私にいわせれば、これらは文字どおりすべて「感情論」なのである。いま私たちに必要なのは、感情に訴えかけてくるような政治的、あるいは民族的な諸要件ではなく、「あすのコメをどう手あてするか」「現在の豊かさをどう維持するか」といった、地に足のついた問題に関して、懸命にその解決策を模索するということではないだろうか。

言葉を換えれば、「政治ではなく経済」「感情ではなく実利」をあくまで優先するということだ。そしてこのことが本書の基本的スタンスなのである。というか、ことに政治と経済を切り離して議論しないと、尖《とが》った感情論がおもてに立ってしまい、日本にとっての実利がどこにあるのかが見えなくなってしまうのだ。私はこのことがいちばん怖い。

たとえば尖閣列島の領有問題について、どちらの主張が正しいかなどといった議論をどれだけ闘わせても、絶対に埒《らち》があかないのは目に見えている。であれば戦争で決着、というのは感情に突っ走った暴挙の極み、愚の骨頂でしかない。両国とも尊い人命と莫大な資産が失われるだけで、何の実利も生み出せはしない。

繰り返しになるが、大切なのは最終的な実利である。それがどこにあるかを見極めることである。

少なくとも、「中国包囲網」などという感情論を前面に押し出して、国民の税金を友好国にばらまくような政権から、私は日本にとっての「実利」の所在を見出すことができない。

## 政治的価値観より経済的実利

私は「実利」という言葉を使うとき、真っ先に思い浮かべるのがアジアインフラ投資銀行（ＡＩＩＢ）に対するイギリスの対応だ。中国が主導するこの国際銀行に参加するかどうかについて、米国と日本がいくつかの理由から二の足を踏んだため、先進諸国が態度を決めかねていた。そんな状況の中で、自ら先鞭をつけるようにしてイギリスがＡＩＩＢへの参加を表明したのである。

これには私もびっくりした。というのも、アジアには日本主導のアジア開発銀行（ＡＤＢ）が厳然と存在し、したがって日米が参加を躊躇《ちゅうちょ》するＡＩＩＢは、最終的に先進諸国からの賛同が得られず、結局はアジアローカルの銀行になるのではないかとの見方さえあったからだ。

そこにシティーを有する金融大国・イギリスの参加表明が報じられたのである。まさに青天の霹靂《へきれき》といってもよい。イギリスが参加することになったため、ドイツやフランスなどの先進諸国が雪崩《なだれ》を打つようにしてＡＩＩＢ入りを表明したのだった。

ところで、安倍政権は以前から英米独仏豪などの国々を指して、「共通の価値観を有する国」と盛んに喧伝してきた。いわゆる「価値観外交」であるが、めざすところは「反中国」にほかならない。したがって、これらの国々は反ＡＩＩＢという価値観で結束を保つはずであった。

しかしフタを開けてみると、主要国でＡＩＩＢに参加しなかったのは米国と日本だけ。他の先進諸国は政治と経済を切り離して思考したのである。つまり、彼らは「共通の価値観」ではなく、中国と組むことによって得られる「実利」をこそ取ったのであった。

イギリスはまさに、世界が政治的価値観によって動いているのではなく、あくまで経済的実利をベースに動いていることを、身をもって示したのだと私は思っている。そしてこのとき、巷《ちまた》の「中国崩壊論」はその根拠の一つを失ったのである。つまり、「共通の価値観を持たない中国はやがて孤立する」という希望的観測を覆すことになったのだ。

## 政権が崩壊に至るパターンは共通

とはいえ、中国が実にさまざまな問題を抱えていることは確かである。一党独裁と権力・権限の集中、中央政府から地方政府にまでまたがる腐敗、貧富・戸籍・教育・医療など多方面にわたる格差、民族問題、環境問題など、数えあげればキリがない。しかしこれらは、中国に個々の分野における是正や大がかりな変革を促す重要な契機とはなっても、これがために中国自体が崩壊することなどあり得ない。

このことを説明するために、中国の歴史をひもといて、政権（時の朝廷）がどのようにして崩壊したかをおさらいしてみよう。そこには共通して、あるパターンがある。それは、まず困窮した農民が各地で大規模な反乱を起こし、それに盗賊の武装集団や反政府集団、近代では軍閥が合流して、ついには政権を武力で倒す――というものである。

したがって、「困窮した農民による大規模な反乱」が起きないようにすることが、現政権（中国共産党）の最大の政策課題ということになる。同じことだが、「国民の大半を占める農民を困窮させない」ことが至上命題となるわけだ。

これに関していえば、共産党はよく統治している。農民は困窮しないどころか、経済的には徐々に裕福になってきているというのが、現在の中国の姿だ。とにかく人間は、ご飯がちゃんと食べられていれば暴動など起こさない。ご飯が食べられなくなるから、みんな怒り鍬をもって一揆を起こすのである。日本も同じであろう。

今後ともどこかの市や町で暴動が起こることはあり得るし、実際私もそのいくつかを目撃している。その主要な原因は、共産党が不正を働いているとか、地上げによる立ち退きの強要などだ。ただ現在では、政府が立ち退きに対してちゃんと代替住居を確保するなどの施策をとるようになったので、それが大きな問題になることはなくなった。

もっとも、中国ではウイグル系民族による殺傷事件などが起こることがあり、社会問題の一つになっているのは確かだ。しかしこれは農民の反乱とは別次元の問題であり、それがために中国が崩壊するとは考えられない。

要するに、どう転んでも農民による大規模な反乱は起きそうになく、その限りにおいて中国共産党は安泰なのである。そして多くの農民は、トップダウンの都市化政策に組み込まれていく。従来の伝統的な手作業での農業も、今後は時間をかけながら米国のように大規模化していくだろう。ハウス栽培、有機肥料、農業機械などの農業関連のビジネス市場は、大きく膨らんでいく。

## 食うに困らない世の中が「いい社会」

ところで、改革開放の総設計師、そのグランドデザインを作り上げた鄧小平の夢は、「2050年までには中国の1人当たりの国内総生産（GDP）を先進国の中位にまで引き上げる」というものだった。2014年の数値では中国のGDP自体は米国に次いで世界第2位だが、これを1人当たりに直すとたんに80位（7572米ドル）にまで落ちてしまう。78位と79位がコロンビアとブルガリア、81位と82位がドミニカとモンテネグロだから、中国の位置づけがおおよそ理解できるだろう。ちなみに1人当たりGDPの1位はルクセンブルク、

2位はノルウェーで、アジアではシンガポールが最も上位の9位。米国は11位、日本は27位（3万6222米ドル）となっている。

「先進国の中位」をどのあたりとするかは定かでないが、少なくとも80位では「中位」といえないことだけは確かだ。

しかしながら、中国の場合は分母となる13億6800万人という人口が多すぎるのである。とはいえ、日本の総人口近くの1億1000万人までに増大した中間層だが、世帯当たりの実質収入（副収入を含めて800万～900万円。1人当たりなら400万～450万円）を中国人の基準にすることはまだまだできない。2015年末時点で都市部に2億7700万人いると推定される農民工（出稼ぎ労働者）の、年収（副収入も含めて80万～120万円）をとりあえずの下限値とみなせば、中間層との収入格差の大きさには驚くものの、その下限値でも都会では一人暮らしなら何とか生活でき、農村部に帰れば十分に食べていける程度には、農民もまた豊かになったのである。

西側から見ると、中国は一党独裁によって普通選挙が実施されず、言論は抑圧され、民主主義も平等も人権もないとされるが、中国国民にとってみれば、食うに困らない生活を送れるということが、すなわち「いい社会」なのである。戦争もなく、そういう平穏な社会が長く続いていると、国民は誰が為政者であるかなど関知しなくなり、平和な世の中を楽しむばかりだ。

これを「鼓腹撃壌《こふくげきじょう》（はらつづみを打ち、大地を踏みしめ、太平の世をたたえて歌う）」というが、中国人は何千年も前からそうした伝統的な基準で権力者（皇帝）を評価してきたのである。逆に徳のない権力者は戦争に明け暮れ、農民を兵士として狩り出し、田畑は荒れて死屍累々たる餓死者の山が築かれた。そこに及んで、農民はついに権力者の打倒に向けて反乱を起こしたのである。

再度確認しよう。現在の共産党による国民統治は、細かな問題を数えあげたらキリがないが、「民を飢えさせない」という最低限の基準をクリアしている。また、「豊かさを実感できる生活が送れる」という、民から及第点をもらえるレベルには達していると見なしていいだろう。こういう民の暮らしぶりを見ると、本当に民主化したほうが国民は幸せなのだろうか、と思わざるを得ない。

## 習近平が描く「中国の夢」

その中国共産党を率いる習近平は、２０１４年に中央委員会総書記に選出されたとき、「中華民族の偉大なる復興」を掲げて次のような「夢」を語っている。

「誰しも理想や追い求めるもの、そして自らの夢がある。現在みなが中国の夢について語っている。私は中華民族の偉大な復興の実現が、近代以降の中華民族の最も偉大な夢だと思う。この夢には数世代の中国人の宿願が凝集され、中華民族と中国人民全体の利益が具体的に現れており、中華民族一人ひとりが共通して待ち望んでいる」と。

習近平はその後もさまざまな談話の中で「中国の夢」について語っているが、その内容を私自身は次のように解釈している。つまり、「中国（中華民族）が列強から受けた侵略から独立し、経済的にも完全に自立することを通じて、見事に雪辱を果たすこと」だと。したがって、習近平の発言は中華世界の象徴的存在感をアピールするものであって、世界に対して覇を唱える性質の思想ではない。

言い換えれば、アメリカのように世界の中心に立って、自国の基地を世界の至るところに設営するというようなイメージではないのである。そんなことをすればいかに無駄なカネがかかるかを、中国はアメリカから学んでいる。

むしろ、圧倒的な経済力を背景として、自国のプレゼンスと発言力を高めることが、習近平の眼目だろう。私は中国が世界に対して、「穏やかな朝貢的外交」を求めるようになるとみている。

中国にとって大事なのは国内にほかならない。繰り返し述べてきたように、国内の統治が遺漏なくできているかどうかが最優先課題なのである。国外のことはその延長線上にすぎない。

だから、無駄なところにおカネをかけてまで人民解放軍を世界の各地に派遣する、などという発想は絶対にしないのだ。

とはいえ、日本の安保法制に対しては中国政府は当然批判しているし、その方向で世論をまとめている。ただ、現在での一般国民の感情としては、南沙諸島でも尖閣諸島でも、「戦争するなら勝手にやってくれ。ただし、俺たちの商売に迷惑をかけないでくれよ」というスタンスだ。一方、小競り合いがあると迷惑を被るのは、いつのときでも、中国でそして中国と懸命に戦っている数百万人の日本人ビジネスマンであることを忘れてはならない。

いずれにしろ、14億もの民を統治するというのは、日本の首相がやっている十数倍もの労力と能力が必要とされる。あらためて、ものすごいことをやっているなと思う。しかも、猛烈な権力闘争のまっただ中、食うか食われるかの世界で中国の権力者たちは生きているのだ。こんなにタフで頭のいい連中とはまともに戦わないほうがいい。つくづくそう思う。

## 2020年に向けての新しい「中国の形」

ところで、2015年の11月に中国共産党は第13次5カ年計画（2016〜20年）の基本方針を発表した。といっても、本書は政策論を議論する本ではないので、その内容を深く掘りさげようとは思わない。

ただ、今後本書がビジネスの場面を想定した種々の提案に、これらの政策が大なり小なりかかわってくることは確かだ。また先に挙げた「製造強国」や「一帯一路」など、いくつかの重要なキーワードもあるので、以下にざっくりとではあるが主要な項目を抜き書きして、いくつか説明を加えておきたい。なお、以下に挙げる①～⑥は、私の恣意的な選択によるものである。

**①2020年までに国内総生産（GDP）と国民1人当たり収入を10年の2倍に引き上げ、「小康社会」（適度にゆとりのある社会）の全面的な達成を目指す。**

――数値的指標をこれに当てはめると、2010年における中国の名目GDPは6・04兆米ドルだから、2020年にはこれを約12兆ドルにするということになる（2015年の見通しは約11・4兆ドルだから、すでにほぼ達成）。また、1人当たりのGDPを2万94元から3万1400元以上に、住民1人当たりの可処分所得を1万46元から1万5000元以上に、さらには都市と農村の収入比率を3・45倍から2・80倍まで縮小させる、という目標に読み替えることができる。

**②経済成長に対する消費の貢献度をさらに拡大する。**

**③戸籍の都市化を加速する。**

**④現代版シルクロードである「一帯一路」を構築する。**

――中国とヨーロッパおよびその周辺新興国間の通商を活性化させることを目的に、インフラ整備や通商拠点の整備を地球規模で進めようとする構想。当然製造業の強化戦略に結びつくとともに、これを通じて人民元の国際的流通にも役立たせたいという狙いがあると思える。

**⑤「製造大国」から「製造強国」への転換を図る。**

――今後35年をかけて、今までの労働集約的な製造業（製造大国）から、情報技術（IT）などを活用した付加価値の高い製造業（製造強国）への構造転換を図る。

**⑥インターネットと他産業を融合する「互聯網＋（インターネットプラス）」などの国家戦略を推進する。**

5カ年計画にはほかにもさまざまな重要項目が記されているが、本書と直接関連するのはおおよそ以上の点なので、あとは割愛する。

## 「中国崩壊」の兆しが見えた？

さて、「中国崩壊」を唱える人たちにとって、2016年の年初の中国の株価と経済指標は、まさに崩壊の予兆を示すに足る状況となった。

まず、2015年末まで3500ポイント台の水準にあった上海総合指数が、年明けとともに3296まで急落。新設されたばかりのサーキットブレーカー（相場急落時に一時的に取引を停止する制度）が初日に発動されるという事態となった。

上海総合指数は2015年の6月12日、5166という最高ポイントをつけたあと下落に転じ、7月2日には4000を割り込んだのち同8日には3507まで落ち込んだ。さらに8月12日からの人民元切り上げの影響を受けて再び下落。8月25日には3000を割り込む事態となったのである。

それが11月以降から3500ポイントまで持ち直し、しばらくは落ち着くのではないかと思われていた矢先の急落であった。その後2800ポイント台まで下落する局面もあり、当面は踊り場でもみ合いが継続すると考えられる。

もう一つは輸出入の落ち込みだ。2016年の1月13日、中国税関総署は2015年12月の輸出入の総額が前年同月比8・0％減の3・96兆ドルだったと発表した。ことに輸入は前年比14・1％減の1・68兆ドルだったが、中国の生命線ともいえる輸出については2・8％減の2・28兆ドルにとどまっている。

さらに2016年1月19日には、国家統計局より中国のGDPの成長率が発表された。その値は（物価変動の影響を除いた）実質値で6・9％となり、前年より0・4ポイント減速した。政府が目標値としていた7・0％に達せず、目標値未達は2年連続。1990年以来25年ぶりの低い伸びだと新聞各紙は書きたてている。

いよいよ中国は、崩壊に近づいたのであろうか？

## 株式相場と中国政府のマクロ調整

まず株価について所見を述べてみたい。とはいえ、先にも書いたように私は経済学者でもアナリストでもないので、株価を予測したり、その妥当性を論評したりする立場にはない。ただ、中国と中国人をよく知るビジネスマンとして、そして現在は日中そして世界にまたがるビジネスのコンサルタントでありアドバイザーとして、いくつかの有意義な情報を伝えたり意見を述べたりすることはできるかも知れない。

ということでいえば、中国の証券市場の特性について私が伝えなければならないことがいくつかある。第一に中国の株式市場がまだまだ未成熟であり、そのためしばしば政府によるマクロ調整が入りやすいということ、第二に市場のプレーヤーのほぼ8割が個人投資家であるということ、第三に株式市場が許認可権を有する官僚たちの蓄財の場であるということだ。第三に挙げた腐敗については、近年かなり是正されているという事実も申し添えておきたい。

さて、第一に挙げたマクロ調整についてだが、政府のオペレーションが入ること自体はどの国でもやっていることで、何ら違法なことではない。ただし、中国の場合は海外企業の上場を認めておらず、投資家も大部分が域内の個人や企業という非常にドメスティックな市場であるため、海外の株式市況の影響が少ないという特性を持っている。そのため、政府はマクロ的政策による介入をいかようにも行うことができるのである。

2014年以降の急激な株価上昇に対して、政府はしばしばマクロ調整を行っている。そもそもは企業の資金調達の場として株式市場を発展させたいという政府の意図と政策によって、マーケットに中間層の人たちのカネが集まり、株価は上がり始めた。

こうしてアジアナンバー1をめざした中国はついに2015年4月、上海取引所の時価総額で東京証券取引所を追い抜いたのである。振り返ってみれば、暴騰の火をつけたのも政府の政策なら、その火を消したのも政府の政策だったといえるのではないだろうか。

2015年の6月に起こった株価下落に際して、私は中国政府が巧みなマクロ調整によって株価の復元を図るだろうと思っていた。その決断の早さとスピードの速さが、いわゆる「民主的手続き」を踏まなくても実行に移せるという、中国の政治・経済体制のメリットであり、得意技であり、常套手段だったからだ。

今回もこうしたマクロ調整が行われると思って推移を見守ったが、どうもマーケットの動きのほうが早かったようだ。アナリストによれば、折からの急激な原油安が重なったために、オイルマネーが各国の株式市場で売りを加速したからだという。多分そういうことなのだろう。だとすれば、オイルマネーによる売りが一巡すると、再び中国によるマクロ調整が行われ、株価は徐々にまた一定のレベルに戻っていくのではないだろうか。

## 個人投資家の口座数は2億を突破

次に、中国では個人投資家が圧倒的に多いことについて述べておこう。この事実は、中国の株式市場自体が未成熟であることと、その場に未熟なプレーヤーがどっと押しかけているという構図をあらわしている。

読者はテレビで、中国の市民が証券会社にある株価ボードを見ながら、歓喜したり落胆したりしている光景が映し出されるのをご覧になったことがあるだろう。あれはリアルな本当の映像だ。実際あのような感じで、多くの人が株価ボードの前にたむろしているのである。

また、スターバックスなどに行くと、いささかオーバーであるが、客の3分の1くらいが携帯電話やスマートフォンで株価をチェックしている。もちろんそんなことをしているのは、若者ではなく40歳代前後の人たちが多いが、それ以上の年代の人も少なくない。私の友人もかなりの数が株式に投資している。その中心はやはり「中間層」と呼ばれる所得層の人たちだ。先にも述べたように、中国ではこの中間層の拡大によって個人投資家が大幅に急増している。

開設された口座数は２００７年に1億口座を突破したあとも増加し続け、２０１５年4月には2億口座を上回った。

ただし、同一人物が上海市場と深圳市場にそれぞれ口座開設しているケースが多いことから、実質的な口座数は９０００万件ほどと見られる。現状では、株式取引高の8割がこうした個人投資家によるものだ。

ただ、中間層といっても、私の感覚からいえば、実際の株の担い手は「ミドルアッパー」といわれる所得水準の人たちである。３００万から５００万円の自家用車を2台ほど持っているクラス、といったらわかりやすいだろうか。

彼らの投資の仕方を見ていると、大半は賭博感覚だといっていい。その企業の将来性に投資する、という感覚は育っていない。まだまだタンス預金（余剰資金）をたくさん持っていて、一定の金額の中で賭け事をして遊んでいるという感覚だ。一方で、全財産を、さらには借金まで湯水のごとくお金をつぎ込むという愚かな中国人もいる。

実際彼らの何人と話してみたが、「損した」というので「どれくらい？」と訊いてみたら「20

万元」といっていた。だいたい400万円ぐらいだ。それでもケロッとしている。儲かったといっていた1人は、2015年に日本で豪遊したと自慢げに話してくれた。また、それを横で聞いていた20代後半のサラリーマンは、「よし、それなら僕も十数万元儲かったら、長期休暇を取って日本に旅行するよ」と笑う。

このクラスの連中はたいていそういう感覚である。実際彼が2016年初頭の暴落で、損をしたのか事前に売り抜けたのかは聞いていない。

## まかり通る不正とインサイダー取引

最後に株を通じた不正蓄財について書いておこう。

多くの場合、地方政府による許認可がその温床となっている。新しい商品の製造承認、広大な土地使用の認可、企業の吸収や合併の許可等々、それらを決定するのは役所の仕事である。したがって、その許認可が企業にどれだけ多くの利益をもたらすかは、許認可権を行使した役所が事前にすべて把握できるわけだ。ということは、該当する企業の株を安いうちに大量に買っておき、高くなったときに売り抜けたら、莫大な差額を自分のものにすることができる、ともいえる。

あるいはまた、中国政府が公的資金の大量投入によって株価を下支えするというとき、特定の業種かあるいは株価全体が上昇することが事前に予測できる。このときもまた上昇する前に手あてしておけば、相応の利益を確実に入手できるわけだ。金融引き締めの場合は、逆に空売りすることによって利益が確保できるのはいうまでもない。

日本ではインサイダー取引として処罰の対象となる不正が、中国ではまかり通っていたのだ。それだけでなく、虚偽の情報発信や市場操作などの行為が広く行われていたことは、それを取り締まる法律や罰則強化が逆によく示している。もとよりルールや制度はあったが、ほとんど機能していなかったのである。

同じことは財務諸表についてもいえる。決算のルールはあっても、それが遵守されているのかはなはだ怪しい。証券会社に勤めている友人にいわせれば、上場企業といえども決算書にはまやかしが多いらしい。だから、「参考にはするが信じていない」と彼はいっていた。

## 中国は国を挙げて市場の信頼性と健全性を構築せよ

だが、ここ1、2年で様相はかなり変わった。たとえば新規株式公開制度の改革では政府の関与を大幅に減らすシステムが導入され、「許可制から登録制への移行」が打ち出された。また李克強首相が主宰する国務院常務会議では、インサイダー取引などの不正を徹底的に取り締まる方針が打ち出されるとともに、許認可項目の規制緩和や民間への権限移譲が進められようとしている。

これらは習近平が唱える「反腐敗闘争」と軌を一にする動きといえるだろう。そもそも、ただでさえ安定性を欠く株式市場を、次の時代に向けて政府が健全化させ、世界からの信任を得なければ、グローバルな投資が途絶えてしまう。だから中国は、国を挙げて市場の信頼性と健全性を構築していくだろう。

そして個人投資家もまた、博打相場に一喜一憂するのではなく、株式市場の原点に戻って投資の意味を再確認しつつ、幼児の段階から徐々に責任ある大人へと成長していくだろう。こうして中国は、官と民との微妙なバランスを取りながら、全体としては徐々に民への移管を進めていくだろう。

中国の株式市場は未成熟のまま大きな試練のときを迎えている。しかし、成長率が7％を切ったとはいえ、依然として欧米や日本の何倍もの成長率を維持しているのだ。停滞局面に入ったとはいえ、マスとしての中国の巨大な経済力が続くかぎり、株式市場だけが崩壊するなどということはあり得ないのである。

## 日本のテレビが報じる「ゴーストタウン」のウソ

「中国では不動産バブルが弾け、建設途中のマンションが放置されてゴーストタウン化しています」といったナレーションのあと、くだんのマンションの映像が映し出される。そして、地域住民へのインタビュー。「ああ、同じような建物が何棟もあるが、もう何年も工事が止まったままだね」

このニュース映像を観た日本人は、かつての日本の土地バブル崩壊時の光景を思い浮かべ、他人事《ひとごと》ながら「あれあれ、中国もたいへんなことになってるね」とつぶやくのである。

読者の中にも、こうしたテレビ報道に接した方が数多くいるだろう。しかし、この映像自体は本物であっても、それは中国の住宅事情を全く反映していない。現在中国の都市部では住宅（マンション）の供給が旺盛な需要に追いつかず、マンション価格が上昇の一途をたどっている。これが本当の姿なのである。

テレビに映し出されたマンションは、たぶん地方政府の一つが潤沢な資金があったときに開発を手がけ、それに失敗した地域の風景だろう。地名は表示されるものの、日本人にはそれがどの辺りかなどわからない。かくいう私も中国のテレビで、開発の失敗例を取りあげている特番を観たことがあるが、そこは内モンゴルの田舎町だった。

日本のテレビはそんなレアケースを取りあげて、住宅バブル崩壊の映像として流しているのだろう。これは日本の地方都市のシャッター商店街を撮影して、日本全体がそのような状況になっていると報じているようなものだ。

地方政府がなぜゴーストタウン化するような開発をしたのか？　おそらくは各都市の建設ブームを視察した共産党の地方の親玉から、「マンション建設を進めろ」という号令があったからだろう。中国の共産党組織は日本のサラリーマン組織と似ているから、親玉から指示があるとみんな必死になって予算達成のために実績を作ろうとするのだ。

まともなマーケティングも需要予測もしないで推し進めた役所仕事が、結局は失敗したのである。日本の箱物行政と失敗の構造はよく似ているが、中国の場合、土地はタダなのだ。

## 都市部では住宅価格が上昇し続けている

このように、地方のごく一部ではゴーストタウン化が見られるようになった一方、都市部では住宅の値段は上がり続けている。中国では住宅需要の二極化が進行しているのである。

地方のマンション価格が大幅に下落した例はいくらでもあるだろうが、たとえば1平米あたり1000元していた価格が800元になったとか、600元まで落ち込んだといったたぐいだ。都市部の1平米何万元もするマンション価格には何の影響もない。

たとえば私の住んでいる深圳では、2015年6月時点での新築住宅相場（平均）は1平米あたり3万4467元（約69万円）で、前月比では6・58％も上昇している。100平米のマンションであれば、平均販売価格は345万元（約6900万円）ということになる。

深圳は北京や上海、重慶、天津のような直轄市ではなく、武漢や青島、南京、広州などと同じランクの1級都市だが、平均値であっても日本の大都市のマンション価格と同等かそれ以上だ。私がいいたいのは、「中国崩壊」という期待とは真逆の現象が、中国の都市部で起きているということである。

私は2015年の秋にも武漢と青島を視察したが、どちらの街も住宅価格は、中心部から郊外までおしなべて上昇していた。たとえば青島では、価格は人気エリアで1平米が3万元から4万元ぐらい。ほぼ深圳と同等だ。ただし、同じ青島でも周辺部に行くと、まだ1平米3000元とか4000元ぐらいの世界が広がっていた。投資する人にはこの価格帯あたりが狙い目なのかも知れない。

なお、「都市部の近郊にもゴーストタウンがあらわれた」というような報道が日本でときどき行われるが、そのほとんどは日本人の認識と確認の不足による。というのも、中国人は投機目的でマンションを購入している場合が多く、彼らは値段が上がるまで待っているのである。しかも、日本と違って販売されるのは「箱」だけで、内装は自分でやらねばならない。だから投機で購入した物件には人が住んでいないため、このことを知らない日本人がゴーストタウン扱いしてしまうのだ。

都市部の郊外といえば、深圳でも中心部から車で30分～1時間の圏内には、まだ中心部の価格の3分の1～4分の1で買えるエリアが残されている。しかし、近い将来には地下鉄が走るとのことで、そこには買いが入り続けている状況だ。

というように、都市部の不動産価格はずっと上昇しており、この傾向はまだまだ続くだろう。というのも、都市部の不動産に対して根強い実需があるからにほかならない。まさに現在こそがバブルといっても過言ではないし、いつかは弾ける可能性は高いのであるが、旺盛な居住ニーズがある以上、一定の暴落後は、また持ち直す可能性の方が高いとみてよい。

## 「都市化政策」による住宅難

実需が生まれる背景の一つには、李克強首相が推し進める「都市化政策」がある。これは平たくいえば、国策として農村部から都市部への移住を推進するというものだ。13億7000万人いるといわれる人口のうち、都市部には現在約3億の人がいるとされるが、これを将来7億～8億人にしようという政策が推し進められているのである。

その目的はいくつかあるが、第一に挙げられるのは都市化による新たな内需の創造にほかならない。これまで述べてきた文脈に沿っていえば、これは「中間層」にまで成長していく人たちをどんどん増やしていくことによって、彼らの膨大な消費力を持続的な経済発展の原動力にしようという構想である。

第二はサービス業の拡大・高度化の推進だ。中国のGDPに占めるサービス業の割合は50％を超えたが、先進国平均の74％を大幅に下回っている。都市化によって生活水準が高まれば生活様式が変わり、サービス業に対する新たな需要が生まれる（と政府は見なしているのだろう）。と同時に、知識の集約と伝播が促されることで、新興産業の発展も促されることが期待できるのだ。

第三は都市化が「三農問題」（「農業」の低生産性、「農村」の荒廃、「農民」の貧困）の解決につながるということだが、この議論はここでは割愛する。

ただ私は、中国政府が究極的にめざしているのは、農業の機械化による1人当たりの収穫高の向上、言い換えれば中国の伝統的な労働集約型農業をアメリカ的大規模農業へと転換することではないかと考えている。つまり、農業（第一次産業）においても、また、第二次、第三次産業においても、余剰人口をバランスよく労働現場に結びつけることによって、それぞれの産業の生産性を飛躍的に向上させようというのが政府の狙いだと思える。

いずれにせよ、農村からはこのように膨大な数の人たちが都市に流入し続けている。たとえば深圳には現在、流動人口も入れると約2000万人が住んでいるが、これは東京都の人口（1349万人＝2015年10月1日現在）をはるかに超えている。今後想定される農村部からの流入人口をまかなうには、さらに多くの住宅が必要であるということであり、むしろ大幅に住宅は不足しているというのが事実である。

## 不動産価格を急騰させた「330政策」

ところで、株式市場にマクロ調整が入るように、住宅・不動産市場に対しても中国政府はしばしば政策的に関与する。日本同様、税制の変更によって不動産価格などをコントロールしたり、優遇策を見直したりすることが狙いだが、2015年の3月30日に導入された政策は、不動産価格を軒並み上昇させるという恐ろしいほどの効果を生み出したのだった。

その効果の一つが、先に紹介した「深圳におけるマンション価格が前月比で6・58％も上昇した」という事例である。ほかにもやはり深圳で、当初は350万元（約7000万円）だったマンションの価格が、わずか2カ月ほどのあいだに450万元（約9000万円）に跳ね上がったという事例も聞いている。

住宅取引に関するこの緩和政策はあまり日本では知られていないが、通達が行われた日付をとって「330政策」と呼ばれている。

この通達の背景となったのは、過熱する不動産価格の上昇を抑えるために、2010年4月から徐々に住宅ローンの申請条件を厳しくしてきたことだった。その結果、住宅価格の上昇は収まったが、ここ1〜2年ほどは下落に転じる状態が続いていたのだ。さらに中国経済の減速懸念が、緩和策の実施を急がせたといえる。

この「330政策」によって、すでに住宅を持っていて住宅ローンを完済していない人でも、2軒目の住宅が購入しやすくなった。具体的には、2軒目の住宅価格の40％以上の頭金を支払えば、新たに銀行から住宅ローンを借りられるようになったのだ。ほかにもさまざまな特典が与えられたことで、「借金してでも今買ったほうが得」という状態が形づくられた。それが住宅価格の上昇につながったのである。

私の知人の1人はその恩恵をめいっぱい受けるために、わざわざ夫婦が離婚して別々に不動産を購入し、その後再び結婚するという離れ業をやってのけたのだった。もちろん誰も彼もというわけではないが、中国人はこうしたことを平気でやってしまうのである。そのしたたかさにはいつも脱帽だ。

まさに「上に政策あれば、下に対策あり（国に政策があれば、下にいる国民にはその政策に対応する策がある）」である。実際には多くの場合、「お上《かみ》はさまざまな政策を繰り出して国民をコントロールしようとするが、国民はそのたびに抜け道を考え出す」という意味で使われている。

株式市場と同様、不動産市場も生まれたばかりで、小学生とはいわないがまだ中学生になったばかりの段階、というのが私の認識である。両市場とも「上有政策、下有対策」を繰り返しながら、徐々に成長していくしかないだろう。

何といっても、日本が戦後半世紀をかけてやり遂げたことを、中国は他者（外資）の力を最大限に活用しながら、その半分の時間で完成させようとしているのだ。ところどころでヒズミが出るのは自明とくらいに思ってつき合ったほうがいい。ただし、そのヒズミは「中国崩壊」にまでつながることはないだろう。

## 住宅を求める実需の巨大さ

中国における都市化政策に話を戻そう。このかなりロングスパンの政策は、単に農村から都市への人口移動だけにとどまらない。農民工（農村からの出稼ぎ労働者）を農村戸籍から都市戸籍に移し、さらに都市の社会保障制度へ組み入れるという、政府にとっては何とも厄介な問題を伴うのである。

2015年の10月に開催された「北京新興市場フォーラム」によると、中国の都市化率（都市人口比率）は54％に達しているが、これは6カ月以上の常住人口で計算したものであり、都市戸籍保有者の割合は38％にすぎないという。この差が「農民工」の数だ。

実はこの数年、農民工の増勢は鈍化し、2014年は前年比1・3％増、2015年1月〜6月は前年同期比0・1％増にとどまったという。しかし、この数字は私の実感とはかなりの乖離《かいり》がある。というのも、農民工の若い人たちが、都市での生活に慣れ、仕事と住居の確保に目算が立てば、次々と兄弟姉妹を呼び寄せる光景を私は目にしているからだ。

もちろん1979年から中国では一人っ子政策を実施しており、いくつかの例外は認められてはいるものの、兄弟姉妹が何人もいるなんてことは基本的にあり得ない。しかし、行政の行きわたらない農村部では、労働力としての子どもを複数産むのは珍しいことではなく、第1子目以降の子どもたちは戸籍を持てないため黒孩子（ヘイハイズ）と呼ばれ、人口統計にはあらわれない存在となるのである。

その数は数千万人とも数億人ともいわれているが、農民工として都市にあらわれ始めた彼らを見ると、私は「数億人」という概算のほうに与《くみ》したいと思う。ということはともかく、「都市化政策」を遂行するためには、政府は黒孩子をも含めて農民工に対する就業支援や社会保障などを整えていかなければならない。

そして、喫緊の課題は何といっても住居の確保である。農民工は独身のあいだは工場の寮などで過ごすが、いずれは結婚して所帯を持つことになる。また政府は2015年11月に一人っ子政策を廃止すると発表したが、そうなると都市部の人口は2子目誕生による自然増も含めてさらに増加し、いよいよ需要に供給が全く追いつかない事態になるだろう。

一方では元々の都市住民の住宅ニーズ（さらにいい場所に住んで快適な生活を送りたい。子どもをいい学校に通わせたい）が衰えを見せず、他方では新たに都市住民となる者たちの住宅ニーズ（もっとまともな住居に住みたい。老父母を田舎から呼び寄せたい）も膨らみ続ける。この二つの実需の巨大さと緊迫の度合いを考えれば、中国は「崩壊」している暇など全くないのである。

## 中国国民は「民主化」を望んでいるか？

「中国の崩壊」ということで、論者たちが期待して止まないのは「内部からの民主化」かもしれない。普通選挙や言論の自由など、民主主義の根幹とされる原則が共産党一党独裁の下で弾圧され、踏みにじられている現状に強く憤り、抗議の声を上げた多数の民衆が、結集して政権打倒に向けて起ち上がる、というイメージだろうか。ちょうど1989年に起きた（第2次）天安門事件のような。

しかし、こうした切なる願望はおそらく裏切られるだろう。いや、再び人民解放軍が出てきて、起ち上がった民衆を蹂躙するというわけではない。民衆自身が世の中の混乱を望んでいないからだ。

とはいえ、私自身は共産党統治の現状をすべてよしと思っているわけではもちろんない。ことに政府批判した人を拘束するなどの行為に対しては、言論の自由への圧殺として激しい憤りを禁じ得ないし、人権を軽視した国民統治のあり方にも大いに疑問を呈する者である。

しかし、14億の民の一班と接し、広大な国土の一端を垣間見た者としてあらためてこの国を見るとき、現在のような統治の仕方以外にどのような方法があるのかと自問してしまうのである。一人当たりのGDPが先進国並みの、上海くらいの経済力や経済規模、あるいは民度を持ったエリアばかりならまだしも、経済力をはじめ収入、教育、職業、戸籍、出身地域などすべての分野において恐ろしいほどの格差がある社会と、恐ろしいほどの数の国民を前にして、現在以上の最適解を見出せるのだろうか、と。

そう考えると、毛沢東の無謀きわまりない失政である「大躍進運動」で数千万人もの餓死者を出し、同じく壮大な権力闘争である「文化大革命」に巻き込まれて辛酸をなめた中国国民にしてみれば、数限りない不平不満はあっても、「殺されることも餓死することもなく、ある程度豊かで平穏な日々を送れる」という世の中になったことと、それを実現させた現政権を、「とりあえずよし」とする気持ちが私には理解できるのである。

共産党もいずれ「権威としての政党」となって、自ら民主化を教導していく可能性もゼロではない。しかし、国民全体の意識レベルが高まって、そのような民意を形成するまでには数十年単位での時間がかかるだろう。

そもそも歴史的に見て、内部から民主化した国家はないのではないか。基本的には外圧か戦争が引き金となっているのだ。そう考えれば、共産党が崩壊する契機となるのは、次の二つの事態が起こったときだろう。一つは、大戦争が起こって中国が敗北し共産党の権威が失墜し、民意が完全に離反したとき。もう一つは、先にも述べたように農民が困窮の極みに達して大暴動が起こったとき。この二つしかないと私は思っている。

ただし、共産党の瓦解が当の中国国民にとって幸せなのかどうかはわからない。その理由は右に記したとおりである。

## 「反腐敗運動」に庶民は喝采……しかし

最後に、株式市場の項でも少し触れたが、習近平政権の旗印の一つともなっている「反腐敗運動」について述べておこう。

これは2012年に習近平が政権に就いた直後から、党内の「腐敗分子」（職権を乱用して不正な蓄財を行った者）をあぶり出す運動として開始された。「ハエ（小物）もトラ（大物）も叩く」との宣言どおり、元政治局常務委員の周永康《しゅうえいこう》や人民解放軍の最高幹部だった徐才厚《じょさいこう》などの大トラたちが次々と摘発され、一般大衆は大いに溜飲を下げたものだった。

この運動を通じて、さまざまな分野の利権に対して大ナタが振り下ろされたが、聖域と見なされていた金融界にもついに2015年に調査が入り、中信証券（CITIC証券）の複数の幹部と中国証券監督管理委員会（証監会）の幹部1名が摘発されたのである。まさに7月の株価暴落時の不正摘発が狙いだといえる。

さらに11月には、中国人民銀行（中央銀行）や資産規模で世界最大の銀行・中国工商銀行を含む中国5大銀行、政府系ファンド（SWF）の中国投資（CIC）などを含む31の金融機関とその監督監査委員会が、「不正行為もしくは汚職の可能性」をめぐる査察の対象として挙げられたのだった。まさに「容赦なし」の様相である。

この運動を主導しているのは共産党中央規律検査委員会だが、さらにその下部組織として2014年に「査察隊」が組織された。こちらは主に官僚たちの「不作為」(賄賂の受理、職務の不履行や先送りなどの業務怠慢)を監視・摘発する組織だ。そして同年に全国的な実態調査が実施され、案の定というべきか、「深刻な不作為の横行」が明らかになったのである。

これを受けて、習近平指導部はいわゆる「贅沢禁止令」を打ち出し、違反者への厳しい取り締まりを始めた。不正の撲滅もさることながら、公務員による業務怠慢の膨大な集積が、結果として経済活動に対する巨大なマイナスとして跳ね返ってくるからである。

だが、その影響は別の形であらわれてしまった。接待に使われていた高級レストランやクラブ、さまざまな施設が立ちゆかなくなり、多くの店や施設が閉店や休業に追い込まれたのだ。さらには高級品がまったく売れなくなってしまった。あとで詳しく書くが、高級品を持ち歩くとすぐさまSNSによる投稿の対象になってしまうからだ。

このように「反腐敗運動」は、中国経済を支え始めた消費社会の成長に水を差すという、何とも皮肉な結果を招いてしまったのである。

## 公務員の処遇改善は不正撲滅の一手

これについては、「そもそも」という話から始めなければならない。「そもそも公務員の給料は民間に比べてかなり安い。このことが賄賂や不正の温床となっている」のだと。

このことは、何やかやといっても公務員が優遇されている日本とは違うところだ。中国には社会主義国家時代の名残が色濃く残っており、「公務員は労働者や農民に仕えるのが仕事」という労働観がまだまだ生きているのである。実際には一般の労働者や農民より給与が低いということはないが、それでも民間の大手企業よりも低く抑えられているのが現状といえる。

だから私は、公務員の処遇改善も反腐敗対策の一つだと思っている。かつての北京大の同級生の一人は官僚になったが、「せっかく苦労して役人になったのに、今では民間のほうが豊かな暮らしをしている。ことに同級生で経営者になった連中は、高級マンションを4つも5つも持っているんだぜ」と不平をこぼしていた。

そうなのである。自分のまわりの人たちがどんどん金持ちになっていくのを見て、役人たちはその分配にあずかろうとしているのだ。ただ、この種のさもしさは、少々給与を上げただけでは収まらないかも知れないが……。

ところで、いくら官僚になったからといって、しかるべき職位に就かなければ力が持てない。いうまでもなく、力を持つことが数々の利権の獲得につながり、それだけ金儲けのチャンスが増えるわけである。とはいえ、いいポジションに就くにもお金がかかる。これはどの世界でも同様なのでわざわざ書かない。

もちろん、実力で職位を獲得する人もたくさんいるが、実力であれ金であれ、みんなもともと優秀な連中ばかりだから、ある段階まで行くとすさまじい蹴落とし合い、足の引っ張り合いが起こるのは当然といえるだろう。自分自身に権力をつけないと、あっという間に潰されてしまう。

先にも書いたように、今中国の権力中枢にいる連中は、すべてこの権力闘争に勝ち残った猛《も》者《さ》たちである。権謀術数をいつどこでめぐらせばよいかなど、彼らには自家薬籠中の物といえよう。この世界、タフでなければ生きていけない。

とはいっても、そんな権力闘争に与しない立派な人物も少なからずいる。私も何人か名を挙げることができるが、そうした人徳者はほぼ例外なく出世しないのだ。たとえば省の上級幹部くらいまではいけるが、そのレベルで止まってしまう。清廉潔白なだけでは上位に上がれないのは、洋の東西を問わず共通の現実なのである。

## 「反腐敗運動」――その真意と行方

今、役人たちが戦々兢々としているのは、不正を市民から訴えられることである。いや、訴訟を起こされるというのではなく、SNSで情報公開されてしまうのだ。

最近ではこんなことがあった。地方の党幹部の娘が、数百万円以上もする高額商品をネットで買って、それを自慢げにSNSで公開したのである。バカである。案の定、「そんな高額商品をお前のような小娘が買えるわけがない」と集中砲火を浴び、彼女の素性もすべて公開されてしまった。その党幹部が事情聴取や取り調べを受けたかどうかはわからないが、さぞや肩身の狭い思いをしたことは容易に想像できる。

注意すべきなのは、こういう形での情報発信には、少なからず妬《ねた》みによるでっち上げがあるということだ。さらにいえば、権力闘争がらみの匿名の告発などにも利用されている。こういう利用方法は、一歩間違えると「相互監視」や「密告ゲーム」に転化するおそれもはらんでいるが、世を挙げての「反腐敗運動」にあって、地方の末端組織もこうしたSNSから発信される情報にも目を光らさざるを得なくなっているのだ。

普通選挙がない中国だからこそ、市民たちはSNSを使って一票を投じているといえるかも知れない。

政権の側からいえば、こういうことがあるからインターネットやSNSを取り締まりの対象とし、人海戦術で何千億円もの金を投じて監視・管理しているわけである。しかしICT（情報・通信技術）の常として、いずれは規制できなくなるだろう。

いずれにせよ、SNSが役人や共産党幹部に対する「監視の目」の役割を担っており、彼らは今までのようにおおっぴらに金銭やリベートを要求しづらくなっているのは確かだ。私はこういう方向はいいことだと思う。

習近平政権による「反腐敗運動（キャンペーン）」は、「反贅沢運動」という側面を持つゆえに、消費市場では経済活動の足を引っ張るというマイナス要因も確かにある。しかし、中間層というゾーンが今後さらに厚みと規模を増していくことを考えれば、そのマイナス部分はほとんど無視できる範囲に収まるのではないか。

習政権はむしろ共産党や官僚による腐敗に大きな不満を持った人々が、政権にその矛先を向けることをこそ警戒しているのである。

逆にいえば、以前より豊かになったことを実感した大多数の農民が、依然として存在するさまざまな格差にもかかわらず、政権に対して不平不満を唱えないのと同じ状況を、習近平は社会全体において実現させたいのだ。私にはそう思える。

そしてこの方向は、「中国崩壊」という一部論者の願望とその実現を、ますます遠ざけることになるのは明らかである。

第5の理由

# 日本は「ものづくり神話」から脱却せよ

――中国とは同じ土俵で戦わない

## 「マス（量）」による圧倒的な力が中国の武器

日本の製品が誇らしかった。そしてカッコよかった。私が北京大学に入学した1993年といえば、バブルが崩壊したあとの景気後退期に当たるが、それでも日本のものづくりにも製品そのものにもまだまだ勢いがあった。

高画質のテレビ受像器（まだ液晶ではない）、手のひらサイズのビデオカメラ、オートフォーカスの一眼レフ、白黒液晶の薄型ワープロ、ウィンドウズを初めて搭載したコンパクトなパソコン……。どれも学生の身で持てる製品ではなかったが、日本の雑誌を見せながら「どうだい！」といわんばかりに仲間に商品の説明をするとき、私はそのメーカーの社員か何かであるかのような錯覚にとらわれるのだった。日本製品はあのころ、間違いなく輝いていたのである。

あれから20年余りが経過した。「ものづくり日本」の立役者だった家電製品に、もはや往時のおもかげはない。ことに高品質の代名詞であったテレビは、そのほとんどが海外メーカーへの委託生産となってしまった。事業そのものから撤退したメーカーもある。

テレビの世界シェアは相変わらずサムスン電子とＬＧ電子の独擅場が続いており、それをソニーが何とか追っているという構図だ。だがここに来て、ハイセンスやＴＣＬといった中国勢が力をつけてきた。中国国内を見ると、品質や技術力では日韓にかなわないが、ローエンド品なら中国メーカーの商品で十分、というレベルには達している。今後日本や韓国のテレビ受像器によほど大きなブレイクスルー技術が生まれなければ、やがて中国がサムスンやLGを追い越していくだろう。

いや、これはテレビに限ったことではない。家電に代表される「アセンブリー（組み立て）ライン」を持つ産業」はほぼすべて、「マス（量）」を取った企業が勝つのである。

たとえば経営再建中のシャープ買収に成功した台湾の鴻海《ホンハイ》精密工業。同社は台湾と中国に生産拠点を持つフォックスコン・グループの中核会社で、主に電子機器メーカーからの生産委託を受けて製造のみを専門に行うＥＭＳ（Electronics Manufacturing Service）だ。

なぜそんな生産受託企業がシャープを買収できたかというと、委託するメーカーがアップルやデル、ヒューレット・パッカード、ソニー、ソフトバンクなど超大手で、しかも委託数量が膨大であるため、資材購入価格から労働者の手配までのすべてを「マス」で支配できるからにほかならない。ちなみに同社の売上高は15・17兆円（２０１４年）に上る。これはシャープ（2・79兆円＝２０１５年）の5・4倍だ。

こうした「マス」による力を最大の武器にして、製造の世界を制覇したのが中国なのである。では、この「マス」の圧倒的な力に、日本はどのように対抗していけばいいのだろうか。

## ロングスパンでの「日本の成長戦略」が見えない

この方策について考える前に、そもそも日本の成長戦略について政府は国民にどのような構想を示しているか、おさらいしてみたい。その構想が見えないと、日本経済そのものの舵をどう切るか、その方向性がわからないからだ。

では、中国はどうなんだということだが、悔しいけれど中国には先の「第4の理由」で紹介したように、「製造強国」だとか「一帯一路」という言葉を通じて、自国の成長イメージを描き、その構想を国民に対して示している。たとえば「現代のシルクロード」（一帯一路）の構築。これなど一見気宇壮大な夢物語のように思えるが、これに中国主導のアジアインフラ投資銀行（AIIB）が結びつくと、とたんに現実味を帯びてくる。何よりロマンを湛えたネーミングがいいではないか。

一方、日本の成長の見取り図はどうなのか。大雑把にいうと、2020年の東京オリンピックまでは、大型土木工事やインフラ整備が象徴的に日本経済を引っ張るだろうと思える。というか、そう期待したい。だけど、問題はそれ以降だ。金融緩和や公共投資などの経済政策よりも、必要なのはロングスパンで日本の将来をしっかりと見つめ、いわば大地に根を張るような

「本物の成長戦略」にほかならない。かつて私がすばらしい日本製品の中に想い描いた、それは「夢のある輝かしい」日本の姿だった。これが見えてこないのだ。政府はアベノミクスの「新3本の矢」の一つとして、「2020年に名目GDPを600兆円にする」という目標を立てている。現状約500兆円の名目GDPが600兆円になれば、対名目GDP比での国債残高も下がるし、国民生活もGDP増加により豊かになるからたいへん望ましい。

しかし、90年代初頭から20数年間、まったくといっていいほど伸びていないわが国のGDPを、高齢化がますます進展するなかで伸ばすことは至難の業といわざるを得ない。これが日本経済への処方箋といえるのだろうか。どのようにのぞき込んでも、私には現実味もロマンも見えてこないのである。

## 中国とは「賢く棲み分ける」

先の課題に戻ろう。日本の製造業はいかにして、「マス」の領域で中国と戦えばよいのか。このことに関して、私はいささか悲観的といわざるを得ない。今さら「モノ」に対して「モノ」で対抗しても消耗戦に陥るだけだ。最後は「物量」の多さ、大きさがものをいう。そもそも14億人の中国に対して、1億人余の日本が真っ向から力勝負など挑んではいけないのである。

そこには「マンチェスターの法則」が冷厳に生きているのだ。

では、日本は中国に対してどのような戦い方を選択すればよいのか。消極的と取られるかも知れないが、私は「負けないための戦い方」の原則を次のように考えている。まず第一に「中国と同じ土俵に上がらない」こと。第二に「中国とは別の次元＝質の部分で戦う」こと。第三に「中国に対する優位が明らかな分野で戦う」ことだ。要は「中国と賢く棲み分けて、勝てるところで確実に勝つ」ということに尽きる。少々抽象的だが、具体的な例はおいおい述べていくことにしよう。

それにつけても、日本は数多くの分野で中国の「マス」にしてやられてしまった。いや、日本だけではない。世界の先進諸国が、ことごとくといっていいほど中国の「マス」の力に敗退を余儀なくされたのである。

パソコンもそうだ。日本の家電量販店やネット市場で格安ＰＣとして大いに売れているレノボも、もともとはＩＢＭのＰＣ部門を２００４年に買収して急成長を遂げた会社だ。逆にＩＢＭは不採算部門だった同事業を切り離したことで、企業向けのサーバー、ソフトウェア、コンピューターによるソリューションサービス事業に経営資源を集中し、事業構造の大転換に成功した。このことは、先に挙げた「量ではなく質の部分で勝負する」という原則の好例といえる。

一方、レノボはＰＣの世界市場シェアにおいて、デル、ヒューレット・パッカードに次ぐ３

位となっている。また同社は、2014年にグーグルからモトローラ（携帯電話端末部門）を買収し、ついに米国で携帯電話事業まで行うこととなった。その経営手腕は驚愕に値するが、その原点となったのは何といっても「マス」の力なのである。

思い起こせば、かつて日本も安い労働力と安い円を武器に、欧米市場を大いに席巻したものだ。それによって日本は、資本と技術力の蓄積を進め、その後の円高にも対応できたといえるだろう。それと同じことを、今度は中国が行っているのである。

家電分野では、中国家電メーカーのハイアールが2012年に三洋電機の家電事業を買い取ったのは記憶に新しい。パナソニックをはじめとする日本の家電メーカーは、アセンブルの部分はほぼすべて中国の家電メーカーに委託しているのが現状だ。さらにハイアールは2016年の1月、ゼネラル・エレクトリック（GE）の家電事業を買収すると発表した。まさに「GEよ、お前もか！」である。もうこの領域は、中国と争わないようにするのが得策ではないだろうか。

## 日系自動車は「年間1000万台販売」も夢ではない

一方、日本の自動車は中国でも頑張っている。

中国汽車（＝自動車）工業協会の発表によると、２０１５年通年の自動車販売は前年比４・７％増の２４６０万台、生産台数は同３・３％増の２４５０万台となった。同年の米国の自動車販売台数が１７４７万台、日本は５０５万台であるから、中国が自動車でも群を抜いた生産大国であるとともに、販売台数のうち輸出がわずか73万台ということから、国内需要がいかに旺盛かがおわかりいただけるだろう。

中国における輸出の減速は自動車も同様で、輸出台数は前年比20％の落ち込みとなっている。しかし、自動車を求める国民の内需はまだまだ衰えを見せないようで、同工業協会は２０１６年通年の自動車販売について、約６％増の２６０４万台（輸出64万台を含む）になるとの見通しを示している。中国の民族系ブランド（中国の独自ブランド）も順調に力をつけてきている。２０１５年通年の販売台数は８７４万台で、国内でのシェアは当然ながら1位（41・３％）。特筆すべきは前年に比べて15・３％もシェアを伸ばしていることだ。

外資系ブランドの販売台数では、ドイツ系が前年に続いてトップ（４００万台、シェア18・9％）だが、2位には僅差で日系がつけている（３３６万台、シェア15・9％）。フォルクスワーゲン問題の影響か、ドイツ系が前年同期比1・5％の伸びなのに対し、日系は前年同期比8・6％と躍進した。日産（１２5万台）、トヨタ（１１2万台）、ホンダ（１０１万台）と、大手各社はともに通年目標を達成したのである。

とはいえ、２０１５年における大手各社の米国での台数は、トヨタが２５０万台、ホンダが１５９万台、日産が１４８万台であり、この実績からすれば中国における各社の販売台数もシェアも、もっと伸びてしかるべきだと私は思っている。というのも、主力購入層である中間層の人口が今後さらに増えて、自動車の国内需要はますます大きくなっていくからだ。

ちなみに、自動車に対する中間層の好み（好感度）はヨーロッパ車、アメリカ車、日本車、韓国車、中国車の順だが、日本車は、①値段が安い、②コストパフォーマンスがよい、③燃費がいい、④デザインもいいと、まさに中間層向けにぴったりなのである。しかも、高速道路網が都市部から内陸部に向けて引き続き建設され続けており、自動車の実需は買い替え需要も含めてやみそうにない。中国における10年後の自動車販売台数は５０００万台に達するとの予測もあるくらいだ。

こうした背景から、私は日系自動車トータルで20〜30％のシェアを獲得できると思っている。販売台数にして年間１０００万台（現在のほぼ3倍）は決して夢ではない。中国の「マスの市場」は、日系自動車そして日本経済全体にとっても大きなプラスになるのである。

また、ＥＶ車（電気自動車）も中国では成長が加速し始め、侮れなく無視できないであろう。深圳市だけでも、約６０００台の電気自動車のタクシーが走っている。非常にクリーンであり環境にもよい。現在では1回の充電で、約２５０〜３００キロくらいは走行が可能になったという。市内を走行することを考えれば、十分なレベルに成長している。この件は後述する。

## 現在のアドバンテージを最大限に生かせ

日系自動車が強いのは、「中国に対する優位が明らかな分野で戦う」という原則が履行されているからだろう。ここでいう「中国に対する優位」とは、中国が容易には真似のできないことだ。その一つはいうまでもなく「技術開発力」である。

周知のとおり、自動車は最先端技術のカタマリといっていい。機械工学や電子工学をはじめ、ありとあらゆる分野の専門家が共同して自動車の開発に取り組み、どの会社が一頭地を抜くかで日々しのぎを削っている。その技術レベルは恐ろしいほど高く、その開発スピードも恐ろしいほど速いため、新参者の中国はそれを追いかけるのに精一杯、というのが現状といえよう。

もちろん、中国国産車はシェア40％以上を占めるまでに成長し、侮れない存在であることは確かだ。しかし、製造技術の基本部分は先進諸国から技術導入したものであり、日進月歩で進歩する技術の先端部分をキャッチアップするまでには、まだまだ時間を要するだろう。

そして何よりも、中国が欧米および日本に追いつけない理由は、「文化としての車」を作り上げる土壌ができあがっていないということだ。

これは自動車評論家の故・徳大寺有恒さんの受け売りだが、彼は「自動車はその国の歴史と文化の総体を背負っている」と書いていた。つまりドイツ車にはドイツの、アメ車にはアメリカの歴史と文化が横たわっており、いくら技術やデザインを真似してもその根源的な領域には届かない、ということだ。徳大寺さんは歯に衣着せぬ論調で、日本車が欧米の自動車文化の上面をなぞるばかりで、独自の文化を築けないことにずっといらだっていた。だが1989年、トヨタがセルシオを、日産がGT－Rを、そしてマツダがユーノス・ロードスターを発売したことを、日本車のエポックメーキングと位置づけている。日本は独自の文化を品質のよさという形で内在化することに成功し、欧米の車は日本車の品質を手本にするようになった、と。

戦後の復興期から40年以上かけて形づくったものを、中国が一朝一夕で構築できるとは思えない。だから「アドバンテージがあるときにそれをとことん活用する」がビジネスの鉄則といえる。しかも、自動車産業には膨大な裾野が広がっている。中国市場での日系メーカーのさらなる躍進に大きく期待がもてる。

## 電気自動車の普及は日本にとって吉か凶か？

ただし、先にも述べたが、自動車産業に懸念材料があるとすれば、それは「動力源の変更」

である。今まで、「技術力の高さ」といわれる領域はエンジンそのものの生産技術であり、コンピューターで制御された噴射技術であった。これが出力の最適化と燃費の最少化のベースになっていたわけだ。しかし、ハイテクのカタマリであるエンジンが、近い将来不要になるかも知れない。ハイブリッドカーを飛び越えて、電気自動車（ＥＶ）への切り替えである。

これに先鞭をつけたのは、ご存知のように日産である。ＥＶはバッテリーで直接モーターを回し、その回転を車輪に伝えて車を動かすといういたって簡単な構造だ。したがって、従来の車の最重要部分であったエンジンとその回転制御システムが要らなくなる。部品点数もエンジン車の半分から3分の2にまで減らすことができるという。

日産はＥＶを中国に持ち込み、早くも２００９年に中央政府の工業情報省と武漢市政府、および広州市政府とのあいだで電気自動車の共同推進に関する協定を結び、中央政府や各市政府から充電用ステーションの設置とＥＶ普及への協力を取りつけたのだった。ただし、実際に発売されたのは２０１４年の9月。合弁先の東風日産の中国専用ブランド名「ヴァヌーシア」を冠した「ｅ30（晨風）」がそれだ。販売価格は26万７８００元（ほぼ５００万円）と割高だが、10％の所得税の免除が受けられる対象車に指定された。

一方、中国製ＥＶの開発は徐々に加速している。そのＥＶのトップ企業がＢＹＤオートである。親会社のＢＹＤはもともと充電式2次電池のメーカー（リチウムイオン電池では世界一）

だったが、ここが2003年に国営自動車メーカーを買収して作った会社だ。

同社はドイツのダイムラーとEVの共同開発で技術提携し、奇しくも東風日産と同時期の2014年9月、中国専用EVの「デンツァ」の生産を開始した。こちらの価格は36万9000元（ほぼ700万円）だ。もちろん優遇税制の対象になるという。

中国政府が税制面での優遇措置とともに、補助金（最高10万元＝約200万円）まで出してEVの普及を図っている背景には、ご存じのように都市部における大気汚染問題（PM2・5対策）がある。

とはいえ、2015年の中国での販売台数は22万〜25万台となり、18万台の米国を抜いて世界一となった。また、エンジンが要らないため、極論すれば他のパーツをよそから持ってきても製造できるという設計の簡易性から、今後参入してくるベンチャービジネスが増えるだろう。そうなるとEVは、中国が得意とする「マス」の土俵に上ってくるかも知れない。

日本の自動車メーカーは、このあたりのことにも目配りしながら進んでいただきたい。

## 構造的問題を抱えた製造業

さて、製造業の現況に話を戻そう。

すでに述べたとおり、2015年の中国の経済成長率は6・9%と、25年ぶりの低い伸びとなった。またその直後にIMFが更新した「世界経済見通し」によると、今後の中国経済の成長率を6・3%(2016年)、6・0%(17年)と予測している。同時に中国の輸出入量が減少し、オーストラリアやブラジルなどの資源大国に多大の影響が出ていることも、すでに前章で紹介したとおりだ。

ただ、私たちが見誤ってはならないのは、中国の経済成長率が6・9%もあるということ自体が驚異的だということである。これほど大きな経済規模を持った国で、同様の成長率を達成している国などない。わが国など2015年の予測(IMFの見通し)は0・59%、経済が持ち直した米国でも2・57%(同)なのである。ちなみに、日本がバブル経済のまっただ中にあった1988年でさえ、経済成長率は7・15%だった。推して知るべしといえよう。

ということでいえば、中国が1991年以降ずっと7%を超える成長率を達成し続けていたことが奇観というべきで、先のIMFの予測にあるように、今後安定的な成長を続けていくと見るべきだろう。

とはいえ、中国経済が現在、大きな曲がり角に来ていることは確かである。それは先の「第2の理由」で述べた「好調な第三次産業」と、その対極にある「構造的問題を抱えた製造業」という、二つの側面を持ったまま推移していくだろう。

以降は、中国における製造業の問題と、それに対して日本の製造業がいかに対処すべきかを考えてみたい。ただし、大企業に焦点を当てるのは他の諸書に任せ、本書では具体的な相談をよく受ける日系中小企業の現実を取り込みながら、さまざまな対応策を紹介していきたい。

## 中国の製造業が陥った負の連鎖

まず、現在の状況を俯瞰してみよう。

政府が数字で示しているとおり、現在の中国の製造業は過剰設備の海で溺れそうになっている。その結果が競争の激化だ。中小企業の倒産件数も増えている。製造業はまさに踊り場というか、次の段階に向かうための過渡期にあるといっていいだろう。

今までは労働集約型のビジネスモデルがすべてうまく転がり、そこに政府による巨大インフラ投資の恩恵がどの分野にも行きわたり、「とにかく作れば売れる」状態が続いていた。しかし、そのビジネスモデルではうまくいかないことが、どんどん増えてきたのである。

ことに、一方では政府の指導により、もう一方では農民工たちの意識向上による労働争議などにより、労働賃金が短期間で上昇し続けたことが大きい。私の住む深圳に隣接した工業地帯・東莞《とうかん》では、2010年に月額920元（約1万7000円）だった最低賃金が、2015

年には1510元（約2万9000円）にまで跳ね上がった。それでも思うように人が集まらないという。

農民工の増加率が減ったというが、減ったのは増加率であって絶対数は増加している。ただ、農村部からの労働力の供給が頭打ち傾向にあることは確かだろう。それより何より、工場が多すぎるのである。「今これが儲かりだした」となると、その分野の製造工場が競い合うようにして林立するのだ。

一方、農民工たちはSNSで情報を交換しあい、より処遇のいい職場にどんどん移っていく。彼ら彼女らをつなぎ止めるために賃金を上げると、労務費が利益を食い、さらに過当競争のツケで販売価格が下落し、ついに経営が立ちゆかなくなる。

現在、中国の製造業、ことに中小企業が陥っている負の連鎖がこれである。

## ついに到来した「正常な自由競争」の時代

とはいえ、今までの「作れば売れる」という状態こそが異常だったのである。私は中国の製造業が「正常な自由競争」の時代に入ったと認識している。

そうした競争の中で、新しいビジネスや業態が次々とあらわれ、新しい経営者も次々と生まれている。製造業における淘汰の光景を過大視して、「中国の崩壊が始まった」というのは早計に過ぎるだろう。

新たな時代の中で揉まれながら、中国の製造業は徐々に均衡していくのである。私はこれを「健全な状態」と見ていいと思う。

中国の製造業も、かつて日本がそうだったように、いわゆる「安かろう、悪かろう」から着実に卒業しようとしている。設備投資をしてラインを自動化するとか、品質管理体制を強化するとか、研究開発部門をつくって人材を投入するとか、世界のマーケットにうち出てみるとか、これまた日本企業が成長してきた道筋に沿いながら、次のステージにステップアップしていくだろう。そのステップアップができない企業は、当然ながら淘汰されていくしかない。

多くのグローバル企業・中小企業のコンサルティングをしてきた私の経験から、実感的にはこの2、3年で大きな構造的な変革が起こると見ている。

## 大企業はもはや面倒を見てくれなくなった

ところで、製造業において大企業を頂点とし、それを数多くの中小企業や零細企業が支えるというピラミッド構造は、中国も日本も変わりはない。ただし中国の場合、大企業といわれるのは、そのほとんどが世界に名だたる外資系巨大企業であり、一方で、中国の企業も躍進し巨大化して拮抗し始めているという現状である。

また、日中における「マス」としての規模の違いは著しい。零細工場も含めて、日本の場合は大体20万社ほどだといわれているが、中国では大体250万〜300万社ぐらいある。

日本の中小企業の多くは、欧米への進出がそうであったように、大企業に付いて中国に進出していくというお決まりのパターンだ。進出当時は、中国自体が「それいけどんどん」という調子で急成長している時代だから、大手も中小もともに潤っていた。

ところがその間に、中国の中小企業が技術ノウハウを身につけ始めた。品質的にもレベルを上げて、大企業からの依頼に直接応じられるだけの能力を身につけてきたのだ。

しかも現在は、機械設備がしっかりしていれば熟練工は不要という世界になってきている。たとえば日本製の性能のいい切削加工機械が設置されているのがわかれば、大手企業はその会社に切削加工をためらうことなく発注できるわけだ。

もちろん中国進出時に、大企業に対して中小企業は基本的な請負契約を結んでおり、大企業は最低限の発注数量を保証しなければならない。しかし契約期限や納入価格など、大企業に有利な付帯条項が、契約書には必ず付記されているものだ。ことに市況が悪化した場合などは大企業とて背に腹は替えられない。

中国の企業に依頼する場合、品質管理という問題は残るが、図面を開示して精度さえ指定すれば、あとは切削加工そのものは日本製の機械がちゃんとやってくれる。必ずしもその場に日本人がいる必要もないのである。

そして現在こそが、中小の製造メーカーにとって受難のときなのだ。中国政府によるマクロ調整の時期に入り、資金繰りが困難になってきている。今まで頼っていた大企業は、手のひらを返したように「背に腹は」の弁明を繰り返しつつ、安い価格でオファーしている現地の中小企業に仕事を出し始めたのだ。

そんなこんなが重なって、日系の中小企業はいよいよ苦しくなってきているのが現状なのである。

## 円安による中小企業の悲惨

苦しいといえば、最も苦しんでいるのは「中堅」と呼ばれる規模の企業かもしれない。今まで大企業がコンスタントに発注してくれるので、いわゆる「系列」に甘えてほとんどマーケティングらしきことをしてこなかった企業だ。しかし、日本でも中国でもそこそこ数百人から千人レベルの規模の従業員を抱えている。そこに、想像もしていなかった現地企業との競争が始まったわけである。

　聞くところによると、最近では売掛金の回収リスクも一部で高まっているという。日系企業の経理担当者によれば、支払確認や催促のために電話しても、「社長が不在でわからない」と答える中国企業が増えているとのことだ（日本企業ですら散見されることがある）。中国の中小企業も、日本の中小と同様に苦しんでいるのだ。

　しかも、時期が悪いことに、アベノミクスによる急激な円安が追い討ちをかける結果となった。こちらは日本企業に対して一方的にダメージを与える。ことに中国で商品を作って、それを日本に輸出している企業はたまったものではない。

　たとえば1元が13円の時代（今から5～6年前）は、製造コスト100元かけて商品を作り、20元の利益を上乗せして120元で日本のバイヤーに輸出したら、その商品は1600～1700円ほどの価格で売れていたとしよう。しかし、1元が18円になった現在は、同じ120元で輸出すると2200円ほどの高価格になってしまい、とても価格競争ができない（バイヤーは買い取ってくれない）のだ。

　たとえ利益なしの原価で輸出しても、日本側の価格は1800円にもなるから、これではとても価格競争などできない。赤字販売を仕掛けても儲からないとなれば、会社をたたむしかない。単純化していえば、こういう事態が中国に進出した中小企業で起こっているわけだ。

もちろん、原材料費を切り詰め、徹底的なコストダウン策を講じて頑張っている企業も少なくないが、政策的な円安は、「中国で安く作って、それを日本に輸出する」というビジネスモデルを実践しようとした企業に、たいへんな痛手となっていることは確かだ。

ことに日本国内で自社の販路を持たず、かつバイヤーに対して価格決定権を持たない中小企業は、中国で怨嗟《えんさ》の声を上げている。しかし企業には酷な言い方だが、このことに関して中国には何の責任もない。

## 事前調査とコンサルタントの有効活用を

経営コンサルタントとして敢えていいたいことがある。それは、中国に進出を決める際に、日本の中小企業にはもう少しきちんとした戦略を練ってきてほしかったということだ。日本という保守的な土壌でつちかわれた商習慣と、「系列」だから困ったときは助けてもらえるという甘えが見てとれる。

たとえば中国にはハイアール、海信、TCL、美的、通信大手の華為、中興といった有力大手企業がある。すべて当初は小さな工場から急成長を遂げたところだ。したがって、進出当初に情報収集を怠りなくやって、そうした企業と初期段階でコミットしていれば、系列にとらわれないビジネスの輪をもっと広げられたのではないだろうか。

いや、結果論を述べているのではない。我々のようなコンサルタントをうまく活用すれば、必要なポイントにフォーカスしたさまざまな情報を事前に集めることができる。その情報が、系列に頼らない自立性——企業の拡大・成長と防衛に役立つのだ。進出時におけるリスクヘッジ戦略として、策定しておくべき要件の一つといえる。

たしかに「下町の大企業」などと賞賛される「世界的なオンリーワン」技術をもっているというなら話は別だ。特許としての権利を有しているならなおよい。しかし、その技術が属人的な技能にとどまるなら、いつまでもそれで安泰だと思わないほうがいいのではないだろうか。

それが人間国宝的技能であっても、所詮は技能でしかないからだ。たしかに日本人の手先の器用さは天下一品だが、中国人の器用さだって捨てたものではない。故宮博物館にある工芸品（宝物）の超人的な微細加工をご覧になった方ならわかるだろうが、何といってもあれだけの技芸をやってのけた人たちの末裔なのだから。このことに加えて、工作機械は日々発展しており、「職人的勘」の世界はやがて計量化され、いつか乗り越えられるものと思っておいたほうがいい。

さらにいうなら、中国には資金力があるので、場合によってはそういうオンリーワン企業を買収するなど、思いもよらない手を彼らは仕掛けてくるかも知れない。中国にだって中国企業と気脈を通じた有能なコンサルタント会社——日本側のM&A情報とコンタクトできる企業は少なからずあるのだ。

要するに中国側企業は、自らの技術を一から育てようとするのではなくて、日本のオンリーワン技術をそのまま買い取って、自分たちは生産や販売に専念するというようなことを当然考えているだろう。

逆からいえば、中国において「独自のビジネスの基盤」を持っていないのは致命的である。系列の大手企業を失えば、それでビジネスがストップしてしまうことになりかねない。だから私は、日本企業から依頼があれば一緒にやっていける現地企業を見つけ出して、日本企業とお見合いしてもらうという取り組みもやっているわけである。

## ついにGEまで買収した中国家電の覇者「ハイアール」

家電量販店に行くと、日本の名だたる会社の商品が所狭しと並んでいるが、ご存じのとおり中身はことごとく中国製だ。もちろん、一部はベトナムやタイ、インドネシアでも作っているが、メインは何といっても中国である。

一方、中国の家電メーカーもめきめきと力をつけてきて、いくつかのブランドは日本でも認知され始めている。たとえばハイアールはもうお馴染みになった。ことにハイアールは三洋電機の白物《しろもの》事業を買収し、かなり技術ノウハウを吸収しただけでなく、デザイン力も学び取ったようで、同社の商品のセンスが最近ぐっとよくなってきた。

そんな評価をおもしろおかしくしていたら、そのハイアールが何とGEの家電部門を買収したという報道に接してびっくりした（既出）。買収額は54億ドル（約6500億円）。まさに巨大中国マネーのなせるワザといえよう。こうした大がかりなM&Aを仕掛けて、中国企業はあれよあれよという間に大きくなっていくのだ。

報道によると、ハイアールはGEのブランドや知的財産も取得するという。まだまだブランド力の弱い同社にとっては、GEブランドの取得は願ったり叶ったりだろう。ハイアールはこのブランド力を武器に、中国以外の地域で事業の拡大を目論んでいることは想像に難くない。

それでは、こうした中国企業の攻勢に対して、日本企業はどのように対処すべきなのか。私の結論は先と同じだ。「こんな相手」とはまともに勝負することは避け、確実に勝てる分野に資源を集中して勝利という「実利」をもぎ取る。これである。

## 巨大中国パワーへの対処法

「真っ向勝負」という言葉は美しい。潔くもある。しかし、ビジネスの世界では顧客満足を追求し、「実利」が取れなければ戦う意味がないのである。

中国の人口、マーケットの大きさと成長力の余地の大きさ。他の国と陸続きという地政学的な優位さ。今後の金融支配力。どれをとっても、消耗戦を演じれば最後は負け戦になってしまうことは必至だ。したがって、勝てるところに一極集中するという戦略または戦術を駆使するしかない。マーケットを絞って、棲み分けて、日本が勝てるところで確実に勝っていく。この方針を徹底しないと、じり貧になっていくことは目に見えている。

だから、私はあえていうのだが、日本が世界2位の経済大国だったというプライドは捨てたほうがいい。「マス」の領分、つまり規模と量ではもう勝てないということを明確にしたほうが、日本も進みやすいのではないだろうか。

少なくとも家電メーカーの現状を見れば、もはや「マス」では勝てないことは自明だ。だからこそ三洋電機はハイアールの軍門に降るという苦渋の選択をしたのであり、GEは家電部門の売却に踏みきったのである。

客観的に判断すればするほど、「ものづくり」ということに関しては、もはや中国には勝てないことがわかってくる。この現実を冷静に見すえ、「ものづくり大国」などという幻想から早く脱却して、日本は新たな道を開拓していかねばならない。

日本が今後とも勝ち残っていくには、規模や量の領域には足を踏み入れず、あくまで「質あるいはソフト」の領域で勝負する。あるいは、欧米などの要求水準が高い先進国で、日本の技術的優位性を武器に勝負する。この方向しかないように私には思われる。

政治もまた「実利」に結びつかない政策はやめて、東京オリンピック以降における日本経済の成長の方向を、具体的な言葉やコンセプト――たとえば「一帯一路」や「製造強国」のような――として打ち出してもらいたい。人は到達すべきイメージを具体化できたときにこそ動く。それを指し示すのが為政者の役割である。その成長分野が「介護」とか「医療」ではいかにも寂しい。

日本企業は大きなブランド力を保持している。これはすごい財産だ。だからその部分は今後委託生産やOEMに委ね、また中国にはアジア統括本部機能や研究開発機能を移設して、優れた中国人の知恵や才能を最大限に活用しながら、日本企業は新たな地平を切り拓いていくべきではないだろうか。

## 見ならうべきはアップルの「持たざる経営」

企業が見栄を捨てて実利を取るようになれば、今後は中国企業との共同開発や技術提携が増えていくことになるだろう。

いわゆる「Ｂ級レベル」の技術は売っていけばよいのである。そして、売った資金をＲ＆Ｄ（研究開発）に注ぎ込み、さらなる次世代技術やソフト分野の開発を推進する。こうしたいい循環を形づくっていくことによってこそ、日本は「ものづくり」の質を高め、結果として経済力（国力）を維持向上していくことができるのである。

ちなみに、技術移転して母屋《おもや》を取られる例があるので、契約条件に莫大なペナルティーを科す条項をつけたり、主要部分はブラックボックス化する必要があるだろう。ただし、ブランド力があれば、中国という「マス」を味方にすることができる。

たとえばアップル社。同社はｉＰｈｏｎｅ《アイ・フォーン》などの生産を中国や台湾に委託し、部品も組み立ても中国で行われているため、新機種が出る前から偽物があらわれる。たとえば「ｉＰｈｏｎｅ６Ｓ」が売り出される前に「ｉＰｈｏｎｅ７」があらわれるとか。守秘義務などないも同然の国で、図面などすぐに出まわってしまう。なのでアップルは、偽物が作られることはどうしようもないと考えているようだ。

しかし、中間層以上の人たちは本物のｉＰｈｏｎｅを購入するだけの余裕があり、高くても本物を購入している。つまりアップルは、自社のブランドを浸透させることで、中間層をきちんと取り込んでいるわけだ。この層の膨大な人口を勘案すれば、コストをかけてまで偽物撲滅に腐心するのは得策ではないと、アップルは考えているのだろう。

iPhoneだけに限ったことではなく、コピーされているうちが華だともいえる。コピーされなくなったら、もう価値がなくなった証拠なのだ。

ところで、私がわざわざいうまでもないことだが、今後の日本の製造業のあり方を考える場合、アップルの「持たざる経営」は大いに学ぶべきだろう。「持たざる経営」とは、要は「自前で持つのはコアコンピタンス（競合他社に真似できない分野）に関わる部分だけで、その他の部分はアウトソーシングしたほうが、最終的には低コストで利益の増大が図れ、外部環境の変化にも対応しやすい」という考え方であり経営手法だ。アップルの例でいえば、製造に関わる部分はすべて前出の鴻海《ホンハイ》（台湾・中国）に任せ、コアコンピタンスであるR&Dとデザイン、広告と販売手法はがっちり自社の掌中から手放さない、というやり方だ。

つまり、ノウハウとソフトの部分に経営資源を集中し、ハードの部分は新興国にお任せする、というスタイルに経営のあり方を集約していくことである。これこそが、中国とのあいだの賢い「棲み分け」につながる要諦だと、私は思っている。

## 中国企業の支援で再生・復活した「本間ゴルフ」

本章の冒頭に私は自分の学生時代、日本製品のよさが誇らしかった旨を記したが、こうした思いは中国人の心の中にも残っている。「爆買い」のベースにあるのも日本製品への信頼であり、何だかんだといっても、中国人は日本の製品とそれを生み出した日本人を、どこかでリスペクトしているのである。

たとえば私のまわりに中国企業に買収された日本の金型《かながた》メーカーの事例がいくつかあるが、その多くは経営が好転して従業員が喜んでいるといったケースだ。いわゆる悪質な乗っ取りという悪い噂を聞かないのは、中国人の心情にある「日本製」への思い入れが働いているからではないだろうか。

本間ゴルフも、中国の企業に2010年に買収されて、その後立ち直った好例である。

ご存じのように、バブルの崩壊によって日本ではゴルフ人口が激減し、クラブの専業メーカーである本間ゴルフは大きな痛手を受けた。以後、ゴルフ場に盛時のにぎわいが戻ることはなく、本間ゴルフはついに経営破綻したのである。これを買収したのが中国マネーだった。

本間ゴルフの買収劇については、大学時代の日本人の先輩もかかわっていたのでよく話を聞いている。これはまさにWin－Winの買収劇だったといえる。中国側は本間ゴルフが有する精密加工技術を非常に高く評価し、一方本間ゴルフは中国人中間層の興隆によって拡大する膨大なゴルフマーケットに参入することができたのだった。

先の友人によると、中国人経営者は非常に合理的な判断をする人で、買収される側の言い分にもちゃんと耳を貸してくれたという。大のゴルフファンである作家の江上剛さんも、この件を取り上げて「埋もれかけていた日本の中小企業の『匠《たくみ》』の技を、中国企業が見つけ、支える構図が興味深い」と書いている。

2014年度の同社売上は前年比10％増の155億円、営業利益は40％増の21億円を見込んでいる。また、現在の販売エリアは日本と中国、それに韓国がメインだが、今後は欧米にも販路を広げる予定だ。この海外戦略の推進によって16年度は売上高200億円、営業利益30億円をめざすという。まさに「名門復活」といえよう。

## 家電量販店から免税店に変身して大成功の「ラオックス」

もう1社、中国企業の支援で復活した会社にラオックスがある。同社は誰もが知る秋葉原の大手家電量販店だったが、他の量販店との競争が激化するとともに、相次ぐ出店が裏目に出て、2000年代半ばから経営不振に陥り、2009年に中国の大手家電量販店の傘下に入ったのだった。

復活の立役者となった羅怡文《ラ イブン》氏は、過剰な店舗の整理を行うとともに、同社のビジネスモデルを家電量販店から免税店に切り替えたのである。業態の転換ともいえるかなり大胆な転換であるが、これによって同社は、その後の家電量販店における「規模の競争」に巻き込まれることなく、命脈を保つことができたといえるだろう。

そして羅怡文氏は、免税店としてのコンセプトを全面に打ち出し、中国語をメインとして諸外国語に対応できる店員多数を配置し、主に訪日中国人向けに家電のみならず民芸品から雑貨、化粧品、さらには土産品に至るまでさまざまな商品を販売したのだった。

結果、中国人観光客の増加の波に乗って、免税店化は大成功を収めた。２０１４年12月期の連結売上高は前年の１・５倍となる５００億円を超え、純利益は12億円となって14期ぶりの黒字を確保したのである。

羅怡文氏の経営のおもしろさは、東京や大阪にある大型店を巨大免税店化して初来日する中国人に向けて大量販売を行う一方、他の場所を訪ねるリピーターに向けて、北海道では小樽市と函館市に、九州では福岡市と長崎市、さらには日光東照宮に近い場所にも小型店を出店し、中国人観光客を徹底的に取り込んだことだ。

長崎港に隣接する店舗は、中国からのクルーズ船が寄港するときにのみオープンするという。無駄がなく、まことに合理的。中国人経営者ならではのマーケティングといえる。その結果、２０１５年12月期は83億円もの純利益を達成する見込みだ。

## 好条件を引き出しながらも「某日本中小企業」の不可解

この章の最後に、私自身が取り組んだ事例の一つで、日中の企業の「お見合い」と、その顛末について記しておこう。

日本側は中小企業（製造業）のA社だ。年商は約4・8億円だが赤字が続いており、2億円前後の借金がある。しかしA社は重要な特許を持っている。このA社の特許を最大限に生かす形で、中国企業からの支援が受けられないかというのが、ある人物から私に寄せられた依頼の内容だった。

私は60歳代前半のA社社長と面談して意向を確認し、くだんの特許についてもその技術内容と範囲を確認した上で、A社を支援してくれる中国企業のリサーチを開始した。恰好の相手を見つけ出すまでの苦労話は割愛するが、最終的に中国の大手電機関係メーカーであるB社が、A社の特許に強い関心を示してくれたのだった。A社社長も訪中してB社のトップと面談し、大筋のところで合意が成立した。その後は私があいだに入って、具体的な条件交渉に入った。そこで繰り広げられたハードネゴについては割愛するが、これ以上ないという好条件を引き出すことに成功したのだった。その内容を簡単に記すと、

①A社は特許の権利をB社に譲渡し、特許に関わる技術指導をB社に対して行う。
②A社とB社は中国に合弁新会社を設立し、B社はA社特許を組み入れた製品を製造する。
③新会社の支配権はB社が持つが、株式の50%未満をA社社長に譲渡する。
④B社はA社に出資し、A社の借金を肩代わりする。
⑤B社は社員を含めてA社の現状維持を約束する。
⑥製品の販路はB社の責任において確保する。その一部は日本にも輸出する。

だいたい以上のとおりである。

B社におけるA社の位置づけは日本での開発センターであり、A社は資源（ことに人材資源）を研究開発に集中できるわけだ。さらには生産性の低い日本の工場で作るより、中国で大規模生産したほうが確実に成果が上がるし、顧客もその大半が中国である。しかも特許には期限があり、1日も早く中国市場を押さえる必要があった。

## 破談の理由は「中国はこの先どうなるかわからない」

しかししかし、である。なんとA社はB社のこの申し出を断ったのである。理由は「中国はこの先どうなるかわからない」「何とか日本でもう一度頑張ってみる」というものだ。ほとんど理由になっていない。

経営者の感覚からは、今まで見下していた中国の企業に乗っ取られる、との思いが去来したのかもしれない。同じ業界の仲間からの評判も気になるところだろう。思うに、合弁相手が欧米の企業であれば、判断の方向は変わっていたかもしれない。あるいはかつての成功体験が、時代錯誤な自信につながっているのか?

周知のとおり、特許は所有しているだけではお金にならない。利用して初めて価値となるのだ。A社社長はこれを勘違いしているのではないだろうか。「ニーズ」と「ネセサリー」は違う。世の中が必要なものじゃないと価値がないのである。

断りたいとの話を聞いて、私は真っ先に従業員の方々が可哀想だと思った。A社の現況から察するに、日本国内での大きな成長はこれ以上は望めず、彼らの給料が当分上がらないのは目に見えているからだ。

と同時に、「日本だなあ」とも思った。どうしても「今までのやり方」「慣れ親しんだ日本市場」にこだわって、せっかくのチャンスを逃してしまうのである。

第6の理由

# 「チャイナ・プラスワン」は正しい選択か？

——中国のパワーを再確認する

## ますます拡大していく「消費の自由」

今後とも中国はさまざまな矛盾を抱えながらも大きくなっていく。そうとしかいえない捉えどころのなさが、中国には常に横たわっている。その矛盾を象徴するのが、先の「第1の理由」で紹介した「自由貿易試験区」の存在とEコマースの進展である。

つまり、一方では外に向かって限りなく広がろうとする方向性があり、他方には事実上の共産党一党独裁という閉じられた方向性がある。いうなれば、自由の拡大と自由の抑制だ。どちらも中央政府の施策であることに変わりはない。中国はこの二つのせめぎ合いをどうバランスさせていくか。中国を拠点とするビジネスマンであるとともに、日中を行き来する生身の生活者として、このことは私の最大の関心事である。

上海、広東、天津、福建。自由貿易試験区に指定されたこれらのエリアでは、基本的に関税障壁が徐々に撤廃されていくことになる。つまりこのエリアは事実上、「外国」として扱われるということは、中国の中に中国の法律を超える世界が生み出されようとしているわけだ。

商品のリアルな流通については、現在は国境の壁、通関の壁、リアルな配送手段の壁などさまざまな問題が横たわっている。しかし自由貿易試験区を通じて、商品が易々と国境を越えて流通するという世界が早晩実現するのだ。

たとえば、香港は免税で世界中のいろんな商品が流入してくるが、それと同じようなエリアが先の4都市に設営される。したがって、中国在住者にとってはわざわざ香港まで行かなくても、香港と同様に無税で買い物ができるようになるのである。

でも、本当にそんな「自由化」が、「不自由の国」とされる中国で可能なのか？ 共産党における体制維持の力学と、それはいずれどこかで衝突してしまうのではないか？

これと同じ懸念はEコマースについてもいえる。「第1の理由」では、訪日中国人観光客による「爆買い」が終焉してしまう恐れをリスクの一つとして挙げた。つまり、わざわざ日本に行かなくとも日本製品が中国国内で手に入るようになる、という日本にとっての大きなリスクだ。もちろん日本のメーカー自体への影響は限定的だが、小売業が受ける痛手は甚大なものとなるだろう。

では、実際にEコマースはどこまで進展しているのか？

## アリババが取り組み始めた「爆買い」の中国化

日本企業がある商品を中国市場で売りたいと思った場合、今まであれば、まず中国の業者を探して、貿易会社を探して、通関を通して、物流を構築して、お金の決済をやって……と、たいへんな手間とお金がかかり、もうこの時点で中小企業はお手上げ状態となる。

しかしICT（情報通信技術）を駆使すれば、もう居ながらにして相手とやりとりができて、商品を買いたい人に売ることができ、お金の回収も代行会社がやってくれる。そんな時代がやってこようとしているのである。

いや、実はもう始まっているといってもいい。

中国インターネット情報センター（CNNIC）の統計によると、中国のGDPに占めるネット経済の比率は2014年に7％に達した。中国において幾何級数的ともいえるスマホの増加を勘案すると、その比率は2015年にはさらに増えたものと予想され、ネットによる取引が中国経済の支える大きな柱の一つにまで育ってきたといえそうだ。

そんな中にあって、日本における中国人の「爆買い」に目をつけたのが、Eコマースの雄・アリババである。ことに中国人に人気が高く、中国国内で「神薬」と呼ばれる医薬品類だ。神薬といっても、「第1の理由」で紹介したように日本ではお馴染《なじ》みの日用薬――眼薬のサンテボーティエやアンメルツヨコヨコ、サロンパス、熱さまシート、命の母A、龍角散などである。

メーカーはこうした薬を日本の薬局（主に免税店）だけでなく中国本土でもっと多く販売したくても、日本の薬事法に当たる法律に基づいて中国で許認可を受けなくてはならない。この手間と法律の壁を越えようとしているアリババなのだ。

同社は2015年の末、自社が運営するECサイト「天猫国際」（Tモール・グローバル＝越境サイト）の規約を改定し、同年12月15日から第2類および第3類の医薬品販売を解禁したのである。この改定によって、同社の越境ECサイトは一気に拡大する可能性がでてきた。

## 予想されるアリババへの出店増

というのも、中国で「日本ではこれを買うべし」と喧伝されている「神薬」の多くは、まさに2類か3類に分類されている薬だからだ。したがってこの解禁により、中国の消費者は日本にまで足を運ばなくても、インターネットを通じて人気の「神薬」や、中国で話題となっている日本製の日用薬を購入できるようになったのである。

しかし、薬事法の問題はないのだろうか？　基本的には大丈夫だ。もちろん日本の薬に中国当局が禁止している成分が含まれているのなら話は別だが、すべてが（中国の基準よりもハードルの高い）日本の厚労省の認可を受けた薬品である。それに越境ECは「個人輸入」として扱われるため、同サイトが中国国内の薬事法に準拠していない医薬品を販売しても差し障りはない。

では、なぜ今までアリババは「神薬」の中国での販売をしてこなかったのかというと、それはあくまでアリババ側の自主規制だったという。つまり、薬に関わるややこしいトラブルを避けたかったのだ。しかしアリババは、日本製「神薬」がお膝元のSNSでたいへんな話題となるにいたってこれを商機と見て、また日本製の医薬品なら安全性が担保できると判断して、おそらくは日本製に限った形で先の規約改定に踏みきったのだろう。

ところで、天猫国際には日本からもマツモトキヨシなどのドラッグストアがすでに出店している。アリババがいくつかの限定を付したとはいえ、自社の越境サイトで日本の医薬品の販売を開始したことにより、さらに多くのドラッグストアが出店に傾くと見られる。リアルな店舗で今後予想される売上減（日本への旅行者は増えても、日本での「爆買い」は沈静化）を、中国サイトで補填しなければならないからだ。

前章で紹介したラオックスの筆頭株主である蘇寧雲商は、すでに2015年の8月にアリババとのあいだで「戦略的協力」を締結し、グローバル化を視野に入れた「新たなビジネス生態システムの戦略計画」を共同で打ち出すとされている。当然天猫国際を通じた「神薬」などの販売も加速されるだろう。

## 情報通信技術《ICT》でフラット化していく中国社会

現在は中国で8億人もの人々がスマホを所有している時代である。商品の決済もほぼすべてスマホでできるようになった。銀行口座とリンクさせて、そこから引き落とすわけだ。先に紹介した銀聯《ぎんれん》カード（ユニオンペイ＝デビットカード）も普及しており、手数料は取られるが日本でも使用できる。日本国内の加盟店も急増した。「爆買い」で使用されるのは、多くの場合このカードだ。

こうした人々を対象としたビジネスは、ほとんど無限大ともいえるほどに広がり続けている。一方ではスマホにリンクするソフト分野でのビジネス、もう一方はスマホそのものに関連するハード分野でのビジネス。それらが重層的に入り交じり、交差して、その接点で次々と新たなビジネスが生まれているわけだ。

ちなみに、世界の名だたるネット企業10傑のうち、中国企業が4つを占めているのには驚かされる。先のアリババ（Eコマース）のほか、テンセント（SNS＋ゲーム）、バイドゥ（百度＝検索＋広告）、京東商城（JD.com＝Eコマース）の4社だ。これらの各社はカッコ内に示した得意分野以外に、医療や教育、ホテル、観光、交通、不動産、保険、金融など、ありとあらゆるサイトを運営しているのだ。

これらに自由にアクセスできることによって、地方と都市部の情報格差がどんどん縮まっている。たとえば内陸部の田舎にいる人でも、深圳の不動産情報を見てロケーションと家賃を確認し、出稼ぎに行く前にさまざまな準備ができるわけだ。

最終消費財を販売している日本メーカーにとって、最も気がかりなのはやはり中国国内でのEコマースの進展だろう。アリババが「爆買い」の対象商品まで取り込もうとしていることは先に述べたとおりだが、同社は単に日本の商品を自社サイトにつなぐだけでなく、日本の商品を包含する巨大ポータルサイトづくりも進めているとのことである。

いずれにしても、中国におけるICTの進展には目を見張るものがある。中国国内では支払いに関しては決済代行会社でできるようになり、これにはさまざまな金融機能も付帯するようになった。また、リアルな配送もどんどん品質がアップしている。このことは日本企業にとっても、「質」の部分で勝負できる領域が増えていくことを示しているのだ。

こうしたことを含めて、ICTの普及は世界をどんどんフラット化させており、この流れはいずれ中国においても、共産党の権威や権力をもってしてもついには止められなくなるだろう。

だから「中国崩壊」——にはならない。むしろ逆なのだ。

前述のように、中国には都市部と地方とのあいだに大きくいって三つの格差が存在する。一つは経済格差、二つ目は情報格差、そして三つ目が教育格差だ。しかしこれらもICTの底知れない力によって、今後着実にフラット化の方向に進んでいくだろう。

## 中国は本当に「閉鎖的」だろうか？

ところで、中国ではたしかに情報遮断などがしばしば起こる。共産党政権にとってありがたくない事態が発生したときだ。また、このことをもって中国の閉鎖性を批判する声もある。批判は当然だろう。ただし、他の領域では中国は閉鎖的であるどころか、いたってオープンだと私は感じている。たとえば外資系企業の受け入れや扱いについて……。

中国に進出している外資系企業はおよそ40万社だ。一方、日本における外資系企業はというと、わずか3151社にすぎない（2014年3月末）。ほとんどが欧米系の企業で占められ、中国系企業に至っては264社（8・4％）のみとなっている。中国のほうが圧倒的に外資系企業を受け入れている。もちろん中国は、市場経済の育成のために外資を導入せざるを得なかったわけだが、そのことを差し引いてみても、外資にとって日本という国はきわめて閉鎖的だといえるだろう。

たしかに中国には外資に対するさまざまな規制はあるが、「開放政策」の名のとおり、門戸自体は外に向けて開放している。日本に比べて参入障壁は圧倒的に低い。

また、中国のカントリーリスクが取りざたされるが、世界から見ると日本は人件費がべらぼうに高く、規制もまだまだ残っている。これだって外資系企業にとっては立派なカントリーリスクだといえよう。

ところで、2016年1月にフォードがすべての日本国内の事業から撤退する旨を発表した。同社は日本マーケットでの不振を挙げているが、欧州系の自動車は日本でも販売数を伸ばしており、素人目からは明らかに販促活動の不足ゆえと思える。さらに私が驚いたのはシティバンクの撤退である。信じられないことだ。

理由としては、日本の低金利政策によって、高い手数料を取って金融商品を主に日本の富裕層に向けて提供するというビジネスモデルが十分展開できなかったことや、そもそも富裕層のボリュームを読み違えたことなどが取りざたされるが、要は日本でのビジネスにシティバンクは見切りをつけたわけだ。当面の利益が出なくても、将来性があれば撤退などしないはずである（これはフォードについてもいえることだが……）。

これに比べて、シティバンクは中国ではかなりの額の投資を先行的に行っている。彼らは富が生まれる場所がどこかを知っているのだ。シティバンクが現在展開しているのは1級都市が中心。ほかにも多くの外資系銀行がしのぎを削っている。

## 「チャイナ・プラスワン」という選択の当否

「チャイナ・プラスワン」という言葉がある。2012年に起こった大規模な反日デモ以降、ことによく耳にするようになった。要は、「日本の製造業の生産拠点があまりにも中国に集中しているが、反日デモなどさまざまなリスクを避けるためには、中国以外にも生産拠点を持つなどの分散投資を心がけるべき」という主張だ。その新たな投資先としては、ことにアセアン諸国が注目されている。

私はこういう話を聞くと、いつも「うーん」と唸ってしまう。それは中国びいきだからではなく、日本びいきだからだ。余力のある大手企業もしくは中堅企業はいいとしても、他にリスク分散の余地がない中小企業にとっては、命取りになりかねない戦略だからである。

私も日本企業から「チャイナ・プラスワン」について相談を受けることが多々ある。そのことに対する私の回答は次の2点に集約できる。一つは「自社の資金力とポジショニングをよく吟味し、かつ3年後、5年後、10年後の諸条件をシミュレーションした上で、それでも利益が現在よりも増えるというなら、私も喜んで進出のお手伝いをします」ということ。もう一つは「中国に関する情緒的な情報に左右されていませんか？『悪の中国』を捨てて『美しいアジア』に雄飛しようという謳《うた》い文句は、基本的に眉唾《まゆつば》と思ってください」ということだ。

後者について私は、東南アジア諸国への進出に関する私自身の経験を踏まえて、次のような話をするようにしている。

よくよく思い起こしていただきたいのだが、日本企業ことに製造業が安い労働賃金を求めて海外に打って出たとき、真っ先に進出した先は東南アジアだった。中国が改革開放を行って、「世界の工場」になる前のことだ。

大手企業が先陣を切ったのだが、中には環境規制の緩い（または無い）国が選ばれることもあったようだ。こうして日本の製造業はシンガポールに進出し、マレーシアへ、フィリピンへ、タイへ、ベトナムへ、そしてインドネシアへと歩を進めていった。こうした東南アジアへの工場進出が、80年代から90年代にかけて進められたのである。つまり、多くの大手企業はとっくの昔にいわゆる「チャイナ・プラスワン」の、東南アジア主要国展開を進めてきていたということである。

その後中国が改革開放を唱えて門戸を開いたものの、日本企業の多くは社会主義国であり後進国の「チャイナ・リスク」を警戒するあまり、直接投資の時期とスピードにおいては欧米企業の後塵を拝した。その理由の一つには、すでに東南アジア諸国に先行投資していたことが挙げられるだろう。

その後はご存じのとおり、中国へ中国へとすべての草木がなびいたが、大規模な反日デモの勃発によって、またしてもチャイナ・リスクが喧伝されるようになったわけだ。

では、東南アジア諸国が安全なのかといったら、全くそんなことはない。武装勢力が跋扈《ばっこ》している国はあるし、都市部や一部の観光地以外は治安が極端に悪い場所もある。不正や賄賂なんて中国よりもさらにひどいこともある。法令がころころ変わるのも中国の比ではない国や地域もある（中国もかつてはひどかったが、現在は安定化している）。インフラの整備もかなり遅れている。工場での瞬時停電や断水は日常茶飯事だ。中国では貧富の格差が取りざたされるが、中国よりも一部の東南アジア諸国やインドなどのほうがこの格差はすさまじい。

ところで、東南アジアの国々では、華僑・華人と呼ばれるわずか数％の中国系の人々が、富の大半を支配しているのが実情だ。彼らの祖先は中国大陸が渡来した中国人であり、彼らは中国国内にいる「圏子」（ファミリーや仲間）たちと、実は密に情報交換し合っているのである。多くの製造業のマネジメント層には、この華僑や華人が非常に多い。余談だが、彼らの中には、日本ではなく欧米留学組が実に多いのも特徴の一つである。

「こうした実情を、御社はちゃんと確認なさっていますか」と質すと、たいてい相手は「うーん」と唸ってしまう。どうも単なるムード的な掛け声に後押しされている、というのが実際のようだ。

## 「マーケットはどこにあるのか」を考えてほしい

そしてまた、私は中国との対比で以下のような話もする。

たとえば「ベトナム人は手先が器用でしかも賃金が安く、中国人のように反日的でない」などと言われているが、対日感情はともなく、人件費はあと5年ほどで2倍、3倍に上がっていくのは目に見えている。また、進出した国では遅かれ早かれ賃金に対する不満が出てきて、労働ストライキが起こるのは必至である。労働者の質という点でも、総じて中国人のほうが上だとされている。現地の法律はころころ変わるし、海外送金には日本では想像できないほど多額の税金がかかる。また、賄賂が横行しているのは先にも述べたとおりで、この支払いと処理に苦戦する日本人駐在員も少なくない。

逆に、中国の労働コストは確かに高くはなったが、それは沿海地方の都市部の話であって、そこから300キロも離れれば人件費は半額近くになるのだ。要は、人件費が最大の問題であれば、生産拠点を内陸部に移せばよいのである。グローバル企業を中心に、この「中国内（での）・プラスワン」を実践している企業は数多い。

なお付け加えると、地方都市といっても現在ではインフラが整い、高速交通網も整備されているから、マーケットへの時間的距離はそれほど遠くない。

そして何よりも私が心配しているのは、東南アジアのサプライチェーンが地域によって未発達だということだ。製造メーカーにとって、これはある意味で致命的といえる。逆に中国には、「世界の工場」を長く続けてきただけのことはあって、周辺産業の幅と奥行きのある裾野が広がっている。たとえば、ベトナムでは製造業が成功しているとの例がよく示されるが、よくよく辿ってみれば、その成功は部品の調達ルートを中国に持っているからだ。

同様に、ベトナムに生産拠点を持つ日系の精密機器メーカーは、キーとなる部品を日本や中国から引いてきている。結局、安い労賃で加工しているだけで、それを国外に輸出しなければならない。国内マーケットが育っていないからだ(ただし、タイやインドについては、電気・自動車関係を中心に産業集積の構造が一定程度形成されており、今後も注視する必要はある)。

要するに、「チャイナ・リスク」と声高に唱えられている内容は、決して中国特有のものではなく、実はすべて東南アジアあるいは新興国に共通したリスクなのだ。政治動乱や自然災害、宗教上の対立もある。あえて「中国に特有のリスク」を挙げるとすれば、それは「官製の反日デモが起こる可能性がある」というリスクに尽きる。

これは両国間の政治の流れと力学によるものだから、民間としてはどうにも対処のしようのないことだ。とはいっても、日本政府は「中国包囲網」から日中宥和政策に舵を切り替えて、経済的な「実利」をこそ取ってほしいというのが、ビジネスに携わる者の本音であり、それは私だけの願いではないと思うのだが……。

ということはともかくとして、「チャイナ・プラスワン」という戦略に対して私がいいたいことは、「最終的に企業にとっての顧客、マーケットはどこにあるのかを考えてもらいたい」ということに尽きる。私は決して「中国びいき」で言っているわけではない。消費市場そして最適地生産がどこにあるかを見誤ってはいけないのだ。そこまで冷静に分析してから駒を進めるべきであろう。グローバル企業は別格である。中小企業にとっては、特になおさら、冷静な分析が必要であるともいえる。

もっと具体的にいうと、14億人という巨大な消費市場と自社の業態をどう結びつけるか。そのことをまず考えた上で最終的な判断をしてほしい。そう思う。

## 声高に主張される「インド・バラ色論」の現実

2015年12月、インド西部ムンバイ－アーメダバード間（約500キロ）の高速鉄道に日本の新幹線方式が採用されることになったと報じられた。鉄道建設は総事業費約9800億ルピー（約1兆8000億円）にのぼり、日本からは1兆円規模の円借款の供与が検討されているという。

思えば2015年10月にインドネシア・ジャワ島の高速鉄道計画をめぐって日中が激しい受注合戦を繰り広げた挙げ句、インドネシア政府の財政負担ゼロを条件とする中国案が土壇場で採用され、日本が苦汁をなめただけに、この報を聞いて私は快哉を叫んだものだ。これを機に日印の友好と相互理解が深まり、ビジネスにおいてもさまざまな舞台で交流の気運が高まることを大いに期待している。

ただその一方で、気がかりなのは一部の人たちが主張する「インド・バラ色論」だ。これは「インドは中国に代わる大国であり、企業はリスクの多い中国からインドへと軸足を変更すべき」との論調だが、私としては承諾しかねる。これは先に挙げた「美しきアジア論」の変形でしかなく、いわば反中国のためだけのイデオロギーだからである。

インドの何を見てそんなことをいっているのか、私にはさっぱりわからない。私はインドで会社を立ち上げるためにいくつもの主要な都市に現地調査で足を運んだが、どこも満足な食生活が送れる環境ではなかった。日本人には正直いって厳しいであろう。衛生面は中国の10倍は悪い場所もある。たしかに民主主義の国ではあるが、会議では何も決まらない。もう7、8年も前の話であるから、現在は大きく改善されているだろうとは思うが……。インドの現地法人のトップであった知人は、だいぶ環境はよくなってきたと言っていたが、家族帯同はまだまだ難しいとも言っていた。

英語が通じるというが、彼らの話すのは「インディッシュ」と諸外国から揶揄《やゆ》される独特の「英語らしき言葉」だ。聞き取るだけでもたいへんな労力を要したのを思い出す。また、時間の観念がないといってよく、いささかオーバーだが、「あす届ける」が「10日後」になるのは日常茶飯事だ。しかもインフラが整備されておらず、停電はしょっちゅう。はっきりいって、20年から30年前の中国を見ているようだった。

総じて治安が悪い。娯楽がない。「この地に長くいると気がおかしくなりますよ」と嘆いていた駐在員に何人も会った。企業もこうした現状をわかっているから、駐在員にタイでストレスを発散させたり、シンガポールに行かせたり、さまざまな対応策を講じている。定期的に食品を送っている企業もあった。駐在員を派遣している企業はたいへんである。人件費や経費も高くつき、輸送コストも上がる。インド内市場向けの地産地消であれば良いし、体力のあるグローバル企業であれば話は別であるが……。

中国同様に、膨大な人口とその市場規模に大きな魅力があるのはたしかだが、特に中小企業が初めて進出する場合は、よくよく現地を丹念に実査した上で、相応の対策を講じる必要があるだろう。

そういう現実に接すると、距離的にも近く、中国の総合的な安定感やポテンシャルが際立ってくる。政治的にも安定しているしインフラも整っている。食事もバリエーションがあり、娯楽だって日本とまでは行かないがたくさんある。駐在員として暮らす環境であれば、中国のレベルが高いともいえる。

## ODAも「量から質へ」の転換を

アセアン諸国やインドについていくつか私の経験と心情を綴ってみたが、日本のODA（政府開発援助）についてひと言述べておきたい。いや、ここでもいいたいことは一つ。「中国とはまともに勝負しない」ということだ。

ODAは日本のシンパをつくるためには有効だと思う。紐つきとの批判もあるが、その中には人の育成や技術支援などが多分に含まれており、そういう部分は「カネにものをいわせる中国的外交」に対する差別化にはなっている。

逆にいえば、中国が金の力で攻勢をかけているときに、日本も金の力で対抗しようとすると、潤沢な資金を持つ中国にやられてしまう。だから何度もいうように、中国と同じ土俵で勝負しようとしないことが肝要なのである。

だから「量」に対して「質」の部分で、日本は対応してほしい。たとえば人的支援、農業技術の支援、技術者の育成といった分野に、重点的にお金を振り向けるというように。いうなれば、JICA《ジャイカ》（国際協力機構）のような支援を行うという路線といえるだろうか。

先般仕事の関係でネパールに行って、震災復興状況を視察するとともに、某大臣や某都市の市長たちとも会ってきた。彼らがいうには、最近日本からさまざまな分野に関わる支援金が全然来なくなったとのことだ。彼らが懐かしがるのは羽振りのよかったころの日本の姿である。今ではその役割を中国が果たしている。災害への支援も桁違いで中国のほうが多かったようだ。ただ、日本のNPOや熟年のボランティアの団体が、奥地の地域に学校を建設するなどの幅広い支援活動を展開しているという。市内では日本語学校の広告も見た。こういうことを見聞きすると、ほっとするしうれしくなる。

思うに日本政府のほうでは、ODAの予算が削減され続けているのだろう。それとともに、非常任理事国へ日本が立候補した際などに、国連で1票を投じてくれるという価値が、こうした途上国で低下したからなのかも知れない。

ともあれ、日本の存在感はどんどん希薄になっているのが現実だが、開発途上国に対してバズーカ砲を撃ちまくる中国の真似をすることは、厳に慎みたいものだ。

## 日本政府に理解してほしい「逐次投入の戒め」

正直にいって、東南アジア諸国は基本的に日和見《ひよりみ》外交である。お金を出してくれる国になびくのだ。昔は日本で、それが現在は中国に変わった。

ただし、日本と中国の大きな違いは、東南アジア諸国の多くが中国と陸続きであるということである。鉄道がつながり、高速道路がつながっていき、人と物とお金が流通していく。そうした舞台の上で人民元が国際通貨として力を発揮するようになってくる。結局、東南アジアは緩やかに中国の経済圏に入っていくだろう。

この流れはどうにも止められないと思う。従って、日本は必ず勝てる点に注力して、そこに資源を集中的に投下していくしかない。中国や他国が真似できない技術水準を常に持ち続ける。これしかない。もう規模は追わない。ひたすら質を上げるのだ。

ところで、対中経済活動において最もやってはならないことがある。戦力の小出しだ。これは第2次世界大戦の折、米軍がガダルカナルに侵攻してきたときに日本軍がやった「大失敗作戦」である。ビジネスの世界では「逐次投入の戒め」として定式化されている。

つまり、自ら処理できる経営資源を小出しにしたために、勝てるべき戦いに、あるいは勝つ可能性があった戦いに敗れてしまうという「逐次投入の過ち」を、経営者やそれに連なる人たちは、往々にして犯すものなのだ。

これは、経営者に知恵がないから犯す過ちではない。「合理性を追求しようとする心」、言い換えれば「最も少ないコストで成功させようとする心」がそれを引き起こしてしまうのである。

どうも安倍首相は、「中国包囲網」とやらを実現しようとするあまり、東南アジア諸国を中心としてさまざまな国に資金援助を行い、それら国々を「中国包囲網」の陣営に引き入れようと画策しているようだが、私にはこれこそ資源の「逐次投入」に思えてならない。つまり、苦しい財政の中で捻出した資金であっても、こうした援助金は中国のバズーカ砲的巨額資金援助の前に霞んでしまうのが哀しい現実である。

## 棲み分けとは「戦わないという戦い方」である

さまざまな資金援助も、結局は目先の損得で判断される。損得勘定が優先されれば、金を持っているほうが有利になるのは必定だ。どんどんいい条件を提案できる。先に挙げたインドネシアの高速鉄道における受注合戦でもそうだ。日本がいくらＯＤＡで支援した実績があっても（２０１３年までの円借款は累計15兆円に迫る）、最後は損得勘定で決まってしまう。

タイでも高速鉄道の話が進行しているが、中国がインドネシアに提示したような条件を日本が出せるかどうかははなはだ疑問だ。中国ではビジネスとして成り立っても、日本では成り立たない場合が多い。そもそも20年間無料の人民元建て借款、営業利益が出てから返済する、という条件など、ふつうはあり得ない。だが中国は政府の判断で即決できる。

しかも、中国の遠大な「一帯一路」政策に基づいて、タイもマレーシアもシンガポールもベトナムも、地続きの中国本土とどんどんつながっていく。地政学的にも中国が圧倒的に有利なのだ。そういう状況の中で、真正面から中国に戦いを挑むのは得策ではない。日本人が今の給与の半分か3分の1で働けるというなら別だが、これはどだい無理な相談だ。

彼らの土俵で争わない。それが鉄則である。むしろ、彼らといい形で組む方向に考え方を展開すべきだろう。たとえば高速鉄道では、パッケージ全体は中国に任せて、列車の運行システムなどソフトの部分を受注するという方法だ。

これは政治的価値観の問題ではなく、あくまでビジネスとしての問題なのである。こうしたビジネスが成り立つような土壌を、日本は構築していくべきだろう。「中国包囲網」などという政治的幻想にとらわれているかぎり、これはできない。

これも中国との「棲み分け」の方法だといえる。と同時に、「戦わない」という戦い方でもあるのだ。

識者は「中国とは相互補完関係にある」というような表現をするが、そういうきれいごとではなく、ことビジネスにおいては徹底的に「実」を取る戦い方を日本企業は推し進めるべきである。中国を相手に消耗戦をやると疲弊してしまうだけ。

市場を棲み分けて、勝てるところだけはがっちり取る。そういうやり方しかない。

## 中国人のタフさと新興国への攻勢

中国政府の攻勢もさることながら、中国企業のやり方も「タフ・ビジネス」そのものである。ことに家電やＰＣなどの分野だ。

彼らは日本製よりもかなり安い値段で、アセアン諸国やインド、中東、アフリカ、南米に猛烈な勢いで攻勢をかけている。要するに彼らは、優れた白物家電がこれから必要となってくる地域に、大量に供給する体制を整えているといえよう。その基本は「現地で作って、現地で売る」だ。まさに「地産地消」を地で行く戦略といえる。

途上国では中国人には勝てない。ことにアフリカ。どれほど劣悪な環境でも、中国人は大挙して押しかけ、その地で根を下ろしていく。中華鍋が一つあればどんな料理も作ってしまうタフさは、まさに華僑・華人スピリットだ。中国政府はその国への資金援助という形で彼らを後押しする。

たとえば、大手自動車グループ（日産・ホンダと提携）の中国企業は、アフリカのアンゴラに進出している。現地での生産体制を整えるのを目的に、私の中国人の友人もその立ち上げに従事した。

彼の話によると、専用のコックを中国から連れて行き、そのコックが調理する食事を毎日食べていたという。食材はすべて中国から定期的に運び入れたが、「肉と野菜があればなんとかなるものだよ」とのことだ。もともとタフな彼はそんな環境に2年間耐え抜いたが、「もう二度と行きたくない」というのが彼の正直な本音だった。

ちなみに、現地でさまざまなビジネスを展開するものの、地元に利益を還流しない中国のやり方には、アンゴラ人からの批判も出ているとのことだ。とはいえ、人を出し、金を出し、市場を生み出す中国パワーは、やはり畏《おそ》るべしである。

彼らを見ていていつも思うのだが、彼らと一緒のことを日本人ビジネスマンに今さらやれるだろうか、と。日本でいうところの「どぶ板営業」だが、それを異国の地で、かつ劣悪で過酷この上ない環境下で、しかも現地に同化するほどの気持ちを持ち続けて、どれだけの日本人がこれをやり抜けるだろうか。

私も先述したようにインド経験はあるが、腹を壊すなどして最初の1週間で3キロほど痩せてしまった。少なくとも私には、中国人のような芸当はとてもできない。

アフリカの最貧国の一つで頑張っている日本人駐在員の姿が、日本のテレビで紹介されていた。たしか文房具か何かの現地販売を担当している方だったが、企業は彼を送り出すためにたいへんなコストをかけているのだろう。つまり上場企業で日本人が行くということは相当なコストを担保、保証しなければいけない。

だけど、中国なら同様の人員を同じ程度のコストで10人は送り込める。そんな国と同じ土俵で勝負しないほうがいいのは自明だろう。

## 第7の理由

# 儲けるチャンスはまだまだある

――環境ビジネスからシルバー市場まで

## さながらホワイトクリスマス、大気汚染の北京の街

中国でのビジネスチャンスを考える場合、そのポイントとなる要素は「中国人が必要としているのに中国にないもの、あるいはその必要性や利便性に気づいていないもの、性能・品質・見ため・価格・システム等において日本製のほうが明らかに優れているもの」ということになろうか。この章ではそうしたモノやコトのうち、思いつくものをいくつか取りあげてみたい。

ところで読者は「土降る」（または「霾《つちふ》る」）という言葉をご存じだろうか。これは春の季語で、中国大陸の黄砂地帯の細かな砂が風に吹き上げられ、春先に日本にも降ってくることをいう。一見牧歌的だが、黄砂が飛来すると空が黄色くなり、マスクの装着も必要になる。また洗濯物も汚す厄介者だ。

その黄砂以上に厄介なのが「ＰＭ２・５」である。大気汚染物質としてクローズアップされたのでご存じだろう。ＰＭは「Particulate Matter＝粒子状物質」のことで、直径が２・５マイクロメートル（μm）以下のものを「ＰＭ２・５」と呼ぶ。ちなみに１μmは１㎜の１０００分の1。髪の毛の太さがおよそ70μmだから、その小ささだけはわかるだろう。

こいつが厄介なのは、鼻やのどの粘膜を通り抜けて肺の奥にある肺胞にまで入り込んでしま

うことだ。これが肺胞に蓄積すると炎症を起こして喘息や気管支炎、さらには肺がんの原因になるだけでなく、血液に入って狭心症や心筋梗塞のリスクを高めるという。

中国では工業化の進展に伴い、二酸化硫黄や窒素酸化物などによる大気汚染の深刻化がずっと取りざたされていたが、2013年以降になって、ようやくPM2・5の毎時観測が行われるようになった。PM2・5という新たな基準が中国人の環境意識や健康意識をさらに向上させたといえる。

と同時に、日本人の健康意識を高めることにもなった。というのも、北京の周辺を襲ったPM2・5に汚染された大気が2015年の12月1日、気流に乗って日本の上空にまで達したからである。ただし日本政府は「国立環境研究所のシミュレーションモデルの結果、現時点で顕著なPM2・5濃度の上昇は観測されておらず、日本への大きな影響は想定していない」（菅官房長官）としている。

しかし、その後も「PM2・5」騒動は続いた。米大使館のウェブサイトによると、北京市の2015年12月25日午前8時（日本時間午前9時）のPM2・5を含む汚染指数は、ついに最悪レベルの「危険」を上回り、「指標超」の568となったのだ。市全体が白く霞み、さながらホワイトクリスマスの様相を呈したとされる。

なぜ米大使館のデータを用いるのかというと、北京市当局はPM2・5に関する観測データを公表していないからだ。ちなみに、アメリカの環境基準（1日平均値）は日本と同じく35μg／㎥、中国は75μg／㎥と定められている。

## 汚染物質「PM2・5」に対する日本の協力

中国の大気汚染の主原因は、中国産の硫黄分の多い石炭にある。火力発電のほとんどはその熱源にこの石炭を使用しており、各工場のボイラーもまた、石油に比べてコストの安い石炭を大量に燃焼させているのが現状だ。その結果、中国は工業化が進むにつれて大気汚染に悩まされるようになってしまったのである。

北京市の発表（ただし、2012年1月）では、大気汚染の「排出源」の22％が自動車に由来する（自動車の急増と慢性的な渋滞）とされているが、近隣地域から流れ込んでくる「越境汚染」を勘案すれば、その42％は「石炭燃焼」を汚染源と見ていい。

というのも、ことに河北省は鉄鋼、冶金などの重工業が集中しており、汚染物質の排出量（二酸化硫黄、窒素酸化物、粉じんの合計量）は中国全域でもトップレベルにあるからだ。また、硫黄分の多い自国産石炭が、火力発電用から家庭の暖房用途まで、中国のそこかしこで燃やされている現実は先に述べたとおりである。

これでは北京のPM2・5の濃度が、中国の基準値の8倍近く（日米の基準の16倍）になってしまうのも当然だろう。

ただし、こうした事態に対し、日本は傍観していたわけではない。かつて自国の公害問題に立ち向かい、これを克服した経験のある日本は、環境省の主導で2014年に「日中都市間連携協力事業」（中国大気環境改善のための協力事業）を立ち上げたのだった。これは既存の日中友好都市間の良好な交流協力関係をベースに、両都市間の大気汚染対策分野での交流協力（関係機関の知見やノウハウの供与、人材育成・能力構築など）を進めるものだ。

ニュースで大々的に取りあげられるわけではないが、中国の大気汚染問題に対する日本のこうした取り組みが、一方では環境ビジネスを中国に架橋する契機となり、また他方では、亀裂が生じている日中関係を立て直す新たな礎石となることを願っている。

## 日本製の空気清浄機が大活躍

PM2・5に象徴される大気汚染問題は、何も北京周辺だけの問題ではなく、近隣に工業地帯を抱える大都市に共通の問題である。ここでも重宝されているのが「安心の品質」を誇る日本製品だ。

大気の浄化にかかわる商品としては、パナソニックが中国で販売する空気清浄機のことを記しておこう。この商品が、2013年に中国室内環境監測委員会から「2012年室内環境保護業界・十大ニュース賞」と「2012年度中国室内環境保護業界・新商品重点推薦賞」の2賞を同時に受賞したのである。

この空気清浄器は平均98%のPM2・5を除去するという性能の高さに加えて、省エネ性能にも優れていることが、市中の大気汚染に悩む人たちから高く評価されたようだ。中国製清浄機の2倍の値段(エアコンや大型テレビよりも高い)にもかかわらず、飛ぶように売れたのだった。お金よりも健康なのである。同社の最新の商品は、PM2・5を感知するとランプが点灯して自動的に浄化機能が働くようになっており、加湿機能も備わっている。電圧は中国仕様の220V。操作パネルも中国語表示だ。ちなみに日立やダイキン、シャープなどの空気清浄機も、販売額が2~3倍に伸びているという。

なお、日本で購入した電化製品を中国で使う場合、変圧器をかませて電圧を落とさなければならない(周波数の違いについては、インバーターなどが搭載されているので基本的には問題ない)。ただ「爆買い」の多い日本の店舗では、はじめから中国仕様(220V・50Hz)の製品が販売されている。

「第2の理由」で紹介した野菜の例もそうだし、乳児用の粉ミルクなどについてもそうだが、中国人は自分たちの健康維持に関して必要と思われる商品には、中国製品の2倍でも3倍でも支払う。これは、衛生面、健康面に関する中国人の意識が向上したことの結果である。それとともに、相応の金額を支払えるようになった中間層の増大という要因、加えて日本製品への信頼があるからといえる。

## 日本のノウハウを生かした参入チャンス

日本には環境汚染対策に関する卓越した技術力と豊富なノウハウがある。ただし、脱硫装置や水質浄化装置、あるいは精密測定装置などのハード面に関しては、すでに日本企業から中国の大手に技術移転されたものが少なくない。しかし、汚染の観測体制づくりやデータの分析法、健康への影響の数値化、政策や法律づくりのためのノウハウや科学的根拠の策定など、ソフト面に関してはまだまだ商機が残っている。

同じことは大気についてだけではなく、飲み水についてもいえる。もともと中国の上水道は浄化技術が遅れており、私が北京で学生時代を送っていたころから、水道水は飲めたものではなかった。日本から来たばかりのころは、これはたいへんなカルチャーショックである。結局飲み水はいったん沸かしてから飲んだものだ。

現在では水質浄化技術が向上して、水道の水を飲めるようにはなったが、水は本当にまずい。というのも、河川の水がことごとく工場廃水や廃液、生活排水によって汚染されているからだ。今後中国で環境規制が厳しくなっている現状を考えれば、こうした分野を得意とする日本企業、ことに中小企業は、技術指導やコンサルティングなどさまざまな形態で、巨大な市場に参入するチャンスが出てきたといえる。

話は少しそれるが、私の住む深圳で2015年12月に大規模な土砂崩れが発生し、100名近い人命が失われた。こうした惨事があるたびにいわれることだが、今回も安全意識の欠如や地方政府の腐敗が取りざたされている。要するに、安全の確保に本来回るべきお金が回っていないことの事例といっていい。

ここにも日本企業の出番がある。キーワードとなるのは安全管理、災害防止システム、基準づくり、管理体制などだ。参入するにあたっては、中国政府の環境管理部門との交渉が重要ポイントとなるので、私たちのような経営コンサルタントをうまく活用することをお奨めしたい。

## 日中の「タイムラグ」を活用した新ビジネス

1990年代、ソフトバンクの孫正義氏は米国の有望なネット企業に出資するとともに、「これぞ」と思ったビジネスモデルを持ち込み、その事業を日本で開花させることに余念がなかった。孫氏は「米国で成功したビジネスモデルは、必ず日本にも遅れてやってくる。そのタイムラグを日本での商機に結びつければよい」と考えていた。孫氏はこの手法を「タイムマシン経営」と呼んだが、私はこの考え方がそのまま中国でのビジネスにも活用できると考えている。

つまり、「現在日本にしかなく、日本で流行しているコトやモノ」の中で、いずれ中国でも流行するであろうものを見つけ出し、それをいち早く中国に紹介すれば、いわゆる「創業者利益」が得られるという寸法だ。「タイムラグ・ビジネス」とでもいえばいいだろうか。

もちろん、あるビジネスモデルを中国に移設する場合、マネジメントをどうするかなどの基本的な問題や、諸手続きなどに関わる煩雑な問題はいろいろある。それは中国側でどこか（あるいは誰か）、いいパートナーを見つけて任せればよい。パートナー探しは私たちのようなコンサルタントに依頼するのが効率的だ。いいパートナーナーが見つかれば、共同で事業を行ってリスク分散するのが賢明だろう。

対象とするビジネスはもちろん何でもよい。なにも孫氏のようにインターネットビジネスに参入したり、ヤフーやアリババに資本参加する必要などないのである。牛丼の吉野家やラーメンの一風堂が行ったように、「現在（当時）日本で流行《はや》っているが中国には無いモデル」をそのまま（あるいは一部アレンジして）中国に移設するのが、初期投資も少なく、万が一の場合は撤収もしやすい形態といえるだろう。

## 中国人のトイレの概念を変えたウォシュレット

あるいは、日中の文化の差を「タイムラグ・ビジネス」に転化するという方法も考えられる。中国ではマンションの内装工事は、基本的に購入者が行うことになっている。これはけっこう面倒である。中には自分の家の内装や付帯設備をあれこれ考えるが好きだという人もいるだろうが、大まかなところは業者に設計してもらい、それに合わせて家具などを整えるというのが一般的だろう。これは中国人でも同じだ。

従ってこのとき、キッチン周りの洒落たデザインや内装と電化機器との組み合わせを、ことに富裕層や中間層に対して提案するのである。これは日本でも家電量販店の一画で行われているような、システムキッチンと家電製品とを組み合わせた提案型販売と同じだと思ってもらえればいい。要は「都会的でセンスのいい居住空間」と家電製品との融合だが、このとき軸になるのが自動洗浄機付きトイレなのである。

TOTOのウォシュレットは7~8割が中国で生産されている。当初は日本向けだったが、現在では中国国内でも設置する家庭が少しずつ増えだした。もともとは訪日中国人観光客がホテルで使用し、その利便性と清潔感に感銘して広く認知されるようになったものだ。今では洗浄機つきの便座部分が「爆買い」の対象になっている。

とはいえ価格はまだ高いが、「トイレは汚いもの」との中国人の概念をくつがえし、中間層の需要を掘り起こしつつある。

かつて中国では「屋根なし・壁なし」の公衆トイレが普通だったが、さすがに都市部では姿を消し、自動水洗のトイレに置き換わった。しかし、いかんせん人が多すぎるためにすぐに汚れてしまう。中国人は「すぐに汚れる」を当たり前と捉えているが、そうした文化を作り替えることができれば、商機はまだまだ生まれるだろう。そして、中間層をメインターゲットにした中国内の需要をどれだけ取り込めるか。これが勝敗を分ける分岐点だといえる。

自分の家のトイレをきれいにし、自動洗浄機つきに替えることにお金をケチる人はほとんどいない。都市ではたいしたことのないマンションでも5000万円くらいはするが、それを買える中間層の人たちが、5万〜10万円の自動洗浄機つきトイレの設置に躊躇するわけがない。

## 名菓・月餅も味覚のタイムラグを利用

「味の差別化」も、成功すれば大きなビジネスに化けるかもしれない。たとえば月餅《げっぺい》。これは中国発祥の菓子でもちろん中国が本場なのだが、あまりにも甘すぎるのである。まるで砂糖の塊を食べているようものだが、伝統にこだわるためか、多くの中国人はその味を文字どおり甘受しているのだ。

しかし、さすがに最近の若い人たちは甘すぎる味に辟易《へきえき》したらしく、たとえば香港の奇華餅家《けかびんけ》や、アイスクリームが入った月餅に人気が出ている。だけどこうした月餅に比べても、日本の月餅のほうが上品な味で、もう格段においしいのである。両国の味を知りつくした私がいっているのだから、これは信じていただきたい。

たしかに私の父母の世代は、幼少のころ甘いものに飢えた記憶が刷り込まれているせいか、何かと濃すぎるほどの甘さを好む。しかしながら1972年生まれの私は、最近のパティシエが好んで作る洋菓子のような、しっとりとして上品だが長く記憶にとどまるような甘さが好きだ。中国も「80後」の世代になって、月餅の味の好みも私と同様の方向に変わっているはずなのだが、中国に「おいしさの見本」がないのでそのことに気づかないだけなのである。

だから、中間層の真ん中にいる「80後」世代に「日本の上品な味の月餅」を紹介すれば、ヒットすることは間違いない。「そうだ、これが自分たちの求めていた味なんだ」と。これは「味覚」という切り口で「日本と中国とのタイムラグ」を利用しているわけだ。ヒットする前にちゃんと商標登録して、ブランド化することもお忘れなく。

最近では日本のお好み焼きも紹介され始めた。コリアンバーベキューとはコンセプトの違う日本風焼肉屋も好評である。どうも私は「食」のほうに話が行きがちだが、もちろんゲームや文房具、ホビーあるいは健康や環境などの分野にも、「タイムラグ・ビジネス」の対象となる商品がまだまだたくさんあるに違いない。

読者にはぜひそれらを発掘し、中国でのヒットビジネスに育てていただきたい。

## 日本は先行する領域を死守せよ

結局、こうした「タイムラグ・ビジネス」を可能にするのは、日本の「先行性」である。つまり、「常に中国の前を走っている」ということだ。それは主に技術面での先行性を意味するが、システム（＝ソフト）面での先行性も忘れてはならない。

技術開発の方向性としては「FA（工場の自動化）」を中核として、「ICT（情報通信技術）」「AI（人工知能）」「ロボット」などが日本のお家芸ともいえる分野だ。また、医療分野では中国の何十年か先を走っている。医師の養成についても、医療技術についても、先端医療機器についても、この差を詰められないよう、その分野に人材を投入し続けること。そうした最先端分野の開発に注力し続けることが、日本が生き残っていく道なのである。

なお、医療分野において医師の手術のアシストをする精密機器（手術支援ロボット）については米国が先行しているようだが、いずれ日本がこれをキャッチアップするだろう。

システム面では、介護の方法や仕組み、あるいは介護用ロボットの活用などが先行している分野だ。日本政府の施策が高齢化に追いついていないとされてはいるが、これから急速な高齢化が始まる中国にとっては、さまざまな領域で先行する日本の技術とシステムを採り入れていかなければならないのである。

もちろんＩＣＴの分野も日本は強く、現在は確実に先行しているが、この分野についてはいずれ中国に追いつかれると私は考えている。中国国内で私が見聞する情報を総合した腰だめの数字ではあるが、とんでもないスーパーコンピューターが頭の中にあるような人たちが日本の何十倍の人数もいて、政府機関や金融、企業、大学などでその能力を発揮しているのだ。この人材の途方もない厚さに度肝を抜かれた次第である。

ここでも「マス」では中国と勝負できないと思う。であればシステムの心臓部分、新幹線でいえば中央管制システムやメンテナンス技術、事故を一度も起こしていない実績に裏づけられた安全技術などのソフト部分。あるいは先述のＦＡ分野と同様、倉庫での高速自動仕分けや配送管理など、ＩＣＴとビジネスが融合する領域で日本の先行性を維持していくべきだろう。

## 中国の病院では「お金持ち優先」が常識

本章の最初に、中国でのビジネスについてポイントとなる要素を挙げた。その中でも富裕層から中間層までを対象としたビジネスとして、私が特に二重丸をつけたいものがある。「中国で決定的に不足しており、日本のほうがはるかに品質がよく、かつ少々高くても確実に集客できるビジネス」。それが病院経営である。あるいはその関連事業への出資や関連商品・関連システムの販路づくりにほかならない。

中国では病院によって値段が違う。いわゆる町医者、総合病院、外資系病院の順に高くなっていく。もちろん診療内容によって金額はさまざまだが、(ここは私の感覚を基準にして言い切ってしまうが) いわゆる町医者を300円程度とすると、都市部の総合病院は5000円、外資系病院は1万円だ。もちろんビジネスの対象となるのは外資系の病院である。

中国では命の価格がランキングされているといっても過言ではない。いうまでもなく、お金のある人が優先だ。それが当たり前のこととして中国では通用している。

私の後輩の奥さんが中国で出産したが、彼は「助言どおりお金を渡しておけばよかったですよ」と悔やんでいる。現地の人と同等に扱われて大部屋に入れられ、あまりよろしくない環境の中で出産したからだ。医師に袖の下を渡すだけで、扱いが全く違ってくるというのが、哀しいかな、中国の病院の現実なのである。ただし、中国で仕事をしている日本人駐在員は安心してほしい。基本的に全員が海外向け傷病保険に加入しているからだ。

実は中国も基本は国民皆保険である。すべて保険で処理される。しかし、保険の適用があっても、実際に診てもらえるかどうかは別問題だ。これが中国の最大の問題点なのである。

中間層は地元の総合病院で受診するのが一般的だ。ただし、患者の人数が多いから待ち時間がべらぼうに長い。さんざん待たされた挙げ句、薬の処方だけで終わるケースがほとんどだ。風邪や腹痛など緊急を要さないと判断された場合は、実に適当に処理される。そもそもケアするという感覚がない。患者はベルトコンベアに乗ったブロイラーのようなものだ。中国でだけは医者にかかりたくないとつくづく思う。また、病室が不足しているため、病院の廊下に簡易ベッドをしつらえ、そこで点滴を打っている患者をよく見かける。まるで野戦病院のようだが、これが都市部にある総合病院の普通の光景なのである。

## 入院枠を与えるのは医師の利権

現在では地方からも、都市の総合病院に診断や施術を希望して大勢の人が押しかけてくる。

彼らは朝から「予約券」をもらうために長蛇の列を作る。しかし、実際に診断を受けられるのは何日もあとのことだ。

このことについて少し書いておこう。

日本のテレビで中国における医療格差が紹介されていたが、よく実情をとらえていると思った。地方から出てきたある患者は何日も待たされた挙げ句、医師から胃がんだと診断されたのである。当然手術が必要だが、ベッドが空くまでホテルでまたも待機。連絡がないので病院に行くと、「あなたに合致した血液型の輸血用血液がないので、それを持参したら手術してあげる」とこともなげにいわれたのである。はっきりいって医師の腐敗である。入院枠を与えるのは医師の利権であり、その利権に結びつく形で、病院への入院予約や手術の予約を患者に斡旋するブローカーが暗躍しているのだ。くだんの胃がん患者は斡旋業者に支払うだけのお金がないため、結局病を抱えたまま故郷に帰るしかなかったのだった。

これが総合病院で日々繰り広げられる現実の一端である。医師の利権は個人的な副収入になる。これは所得として捕捉されることのない、したがって統計にあらわれないお金である。

それもこれも、医師の地位と収入が低すぎるからだといってよい。文革時に知識人が冷遇された名残で医師の地位が低く、給料も国家公務員と同様に安く抑えられているのだ。先に国家公務員の腐敗について述べたように、給与を民間の大手企業並みにすることが、解決策の一つではあるのだが……。

## 狙い目コンセプトは総合病院と外資系病院との中間

こうした現実を見たとき、中国の富裕層や中間層が何を求めているかは自明だろう。日本と同様の「まとも」な診断であり、手術であり、その後のケアである。こうした要望をかなえてくれるのは、今のところ中国では外資系の病院以外にはない。

だから富裕層は外資系の病院を訪れるか、あるいは直接欧米の病院に行くのである。外資系の病院では、文字どおり医師が外国人か、海外の医学部を卒業した中国人医師が診療や手術に当たる。日本人医師が常駐している病院もある。

しかし、先述したように治療費は目玉が飛び出るほど高い。私も高熱が出たとき診てもらいに行ったが、日本円で2万円近く取られた。また外資系の病院では、すべて保険で支払われるのをいいことに、高額の薬代や検査費用、手術代を請求されることも多い。

だから中国では、おちおち病気になどなれないのである。だから私は、日本に帰国する時期を見計らって、定期的に健康診断を受けることにしている。その折は脳ドックも含めて徹底的に検査してもらう。さいわい、今のところ「要精密検査」をいいわたされることはないが、精密検査もやはり安心できる日本で受けようと思っている。

それはともかく、中国における病院のニーズの高さがおわかりいただけただろう。まずは富裕層を取り込み、次に中間層のうちアッパーミドルといわれる階層の人たちを取り込んでいく。コンセプトとしては、総合病院と外資系（高級）病院との中ほどのクラスに設定すべきだろう。規模を増やす余地があれば、つまり医師を確保できるなら、中間層の人たちも取り入れていくという方向で考えればよい。そしてこのビジネスは、「第3の理由」で提案した「健康診断ビジネス」とぜひ融合してもらいたい。こちらは訪日中国人＝中間層そのものを対象としたビジネスだが、このクラスの人たちが「まとも」な検査と診断を求めていることは、今まで述べてきた中国の病院事情から理解してもらえただろう。

医療技術も日本が上、設置されている医療設備機器にも大きな差があり、何より医師に対する信頼感と安心感が圧倒的に違う。医療におけるこの差を、日本は「病院ビジネス」と「健康診断ビジネス」の両方で生かすべきなのである。

## ストップした「中国版少子高齢化」の流れ

2015年10月、中国は突然「一人っ子政策」（計画生育政策）の撤廃を決定した。このニュースを聞いて、中国政府の政策決定の速さには今さらながら驚いてしまう。1979年以来30年以上続けてきた人口抑制政策を、それこそ「あっという間」に大転換してしまうのだから。もちろん、それまでにさまざまな議論があったのだろうが、決めるときは実に素早い。このスピードの速さが中国政治の身上といえる。

これで何が変わるかというと、マーケットのサイズがさらに大きくなるのだ。政府の決定を受けた国家衛生計画出産委員会は、(中国が非公開のため現在年間1700万人と推定されている) 新生児数が一人っ子政策の廃止によって年間300万人増え (つまり年間2000万人となり)、2050年には労働人口も約3400万人増加するとの試算を発表。経済面で大きなプラス効果があるとともに、中国社会で進む急速な少子高齢化に歯止めをかけられるとしているそうなのだ。これまでの国連の試算によると、中国の生産年齢人口 (15~59歳) は2015年ごろにピークを迎え (67・6%)、2020年ごろから急激に減少し、2050年にはほぼ50%になるとされていたのである。今回の政府の決定は、この「中国版少子高齢化」の流れにストップをかけたといえよう。

いつも思うことだが、中国は実によく日本のことを勉強している。プラザ合意による急激な円高への対処の仕方からバブル経済崩壊後の後始末、そして急激な少子高齢化による経済活動の停滞まで、まさに日本を「あすの中国」の反面教師として冷静に分析しているのである。その結論が「一人っ子政策」の中止（「2人までOK」に変更）だった。

実は中国は2013年にこの政策を緩和し、「夫婦どちらかが一人っ子の場合、2人目の出産を認める」とした。そしてこの効果を「年間200万人の新生児増」と見ていたようだが、実際はこの予想（期待）をかなり下回ったため、「一人っ子政策」の全面廃止につながったといわれている。

## 「一人っ子政策」のさらに向こうにあるもの

なお、中国には「黒孩子」と呼ばれる戸籍を持たない子ども（いや、現在成人になっている人も含む）が多数いることは、先に書いたとおりだ。私は2億〜3億人はいると見ている。この人数を勘案すると、「将来の労働人口」なんて十分足りているのではないか？

しかも、国務院が2016年の1月14日に「無戸籍問題の全面解決」を指示する文書を中央・地方の政府機関に出している。これにより、今まで黒孩子と呼ばれてきた人たちも、出生証明書と父母の戸籍などを示せば戸籍を与えられる見通しである。

ということは、数字上頭打ちと見られていた農民工の数は、私の見立てどおりさほど減っておらず、主に農村生まれの黒孩子たちが今後は大手を振って都市に流入することで、政府の都市化計画が進展するとともに、都市部での住宅難にはさらに拍車がかかるだろう。

いずれにしても、今回の「一人っ子政策」の全面廃止は、少子高齢化への歯止めと将来の労働力の確保という課題を同度に解決しただけでなく、消費市場の拡大と活性化にもつながる政策だといえる。つまり、都市部が飽和状態になると農民工の地方回帰が促され、そのことを通じて消費経済もまた地方に移植されることになるからだ。都市と地方とを結ぶ経済の好循環が新たに形成されると考えていい。

私はそこにＩＣＴの飛躍的進歩を想定している。つまり、ＩＣＴによって経済のフラット化が進み、さらには高速道路網や鉄道網の延長によって、もはや地方が地方でなくなる時代がやがて中国に訪れると考えているわけだ。

「一人っ子政策」がそこまでのことを射程に入れているかどうかはわからない。ただ、「第１の理由」から紹介してきた中国の政策を一つひとつつなぎ合わせていくと、私には彼らがそこまで展望しているように思えてならないのだ。

いや、わが日本政府の、聞いていてわくわくするような物語性の乏しい、かつまた射程距離の短い政策に接していると、つい気宇壮大な中国の物語に引き込まれてしまうのかも知れない。

## ひと味違うと人気の「日本の学習塾」

「一人っ子政策」が「二人っ子政策」になったからといって、経済効果が単純に2倍になるわけではない。中国での街頭インタビューなどを聞くと、この政策変更を喜ぶ声とともに、ことに都市部の女性からは「1人で十分」との声が聞こえてくる。たしかに教育費のことを考えると、そうだろうなと思う。

まず、子どもを「いい学校」に通わせようと思ったら、都市部の「いい地域」に住まなければならない。つまり、住居費用にかなりのお金がかかる。学校は義務教育だが、先生への「寸志」を包むのが中国のしきたりだ。もちろん強制ではないが、どの親もやっている慣習なので自分1人がやらないですませるわけにはいかない。現金を贈ることは少なく、多いのは高級腕時計だという。

さらに賛助金の徴収がこれに加わり、子ども1人当たり日本円にして100万円が必要となる。私立であればその額は200万に跳ね上がる。これに加えて、塾や習い事のための費用なども考えると、たしかに「子どもは1人で十分」というのもうなずける。

ところで、学習塾についてはいくつかの日本企業がすでに進出している。もともとは日本人駐在員の子弟を対象にしていたが、現在は中国人の子どもを対象に事業を拡大しているところが多い。

たとえばベネッセ。2006年から中国で0～6歳児向けの通信教育「こどもちゃれんじ（楽智小天地）」を展開している。同社が放映するテレビ番組の人気キャラクター「しまじろう」は巧虎《チャオフー》という名で親しまれるまでになった。ブランディングの成功例の一つだ。同社の中国事業は順調に伸びており、会員数83万人になったという。この数字は、少子化などの影響で減少するばかりの日本国内の会員数76万人を上回っている。

また、くもん（日本公文教育研究会）も中国人の子どもたち（というかその父母たち）に人気のある学習塾だ。同社の基本は「読み書き計算」で、主要科目は数学（算数）と国語（現地語）だけだが、「自分で考える力を養う」ことを目的とした教え方が支持されているようだ。同社も国内での148万人の学習者に対し、海外は49カ国276万人と、グローバル展開を進めている。

なお、ベビー用品についてはあらためて書くまでもないだろう。紙おむつや粉ミルクが「爆買い」の対象になっているのは周知のとおりである。

## すでに「2億人」を突破した中国の高齢者

ところで、子どもの数が増えても老人の数が減るわけではない。2014年末の時点で、中国における60歳以上の高齢者人口は2億1200万人に達し、総人口の15・5%を占めるまでに至っている。さらに毎年1000万人のペースで増えていくという。

なお、中国の定年年齢は、男性60歳、女性50歳、幹部クラスの女性は55歳と規定されているため、多くの勤労者は50歳から60歳のあいだで定年を迎えることになる。高齢者人口は2050年ごろにピークに達し、その数は4億人を上回る見通しだ。

なにせ14億人の国である。高齢化のスピードもすさまじいが、これによって生じる「シルバーマーケット」の規模もまたすさまじい。中国社会科学院の試算によると、2020年時点で実に2兆元（ほぼ40兆円）にまで市場規模は膨れ上がるという。

シルバーマーケットが中国よりも早くスタートした日本の高齢者向け商品は、その経験と商品開発力において大きなアドバンテージを有している。JICA《ジャイカ》が中国社会科学院の委託で作成した報告書には、「日本は中国よりも30年早く高齢化社会に入ったのであり、高齢者対策の実施も中国に先んじて」おり、「日本の高齢化において蓄積された経験と教訓を学ぶことは中国にとって大きな参考価値がある」と記してあるが、これはそのまま中国のシルバーマーケットにも当てはまることだ。

ビジネスチャンスを考えるときのポイントは本章の冒頭に書いたとおりである。すなわち、「日本では当たり前となっている商品でも、中国にはまだ無いもの」、あるいは「中国で決定的に不足しているもの」にほかならない。

商品としては「健康グッズ」や「介護グッズ」が思い浮かぶが、ほかにも教育や娯楽、気軽なアウトドアやスポーツ、あるいはテレビ番組のコンテンツなど、さまざまな商品が考えられる。日本企業には、日本ならではの品質の高い商品を紹介または新たに提案し、中国のシルバーマーケットを席巻してもらいたい。

## 老人の現状と介護施設の絶対的な不足

「中国で決定的に不足しているもの」として挙げられるのは、「介護・ケアビジネス」である。中国でも日本同様、老親の面倒を見るのはたいへんな時代になってきている。夫婦共働きでは老人の介護ができず、介護施設（養老ホーム）に入れようにも、肝心の施設が絶対的に不足しているのである。

しかも、日本では高齢者が資産や貯金を持っているが、中国の場合は若い人がお金を持っている。というのも、中国の高齢者はもともと国営企業に勤務していた人がほとんどで、そのため年金が少ないからだ。多い人でもせいぜい4000元（約8万円）、平均的には2500～3000元（5万～6万円）程度だろうか。

これでは医療施設に行っても高額の医療は受けられない。そもそも都市ではとても生活できないレベルだ。中国では子どもたちがどれだけ稼げるかによって、その親世代の老人たちの物質的な幸福度が変わってくるといっても過言ではないのである。

最近、河北省高碑店《こひてん》市で進められている大規模な老人ホームの計画を目にした。高齢者介護施設の不足が深刻化している北京市から、高齢者の入居を誘致するのが狙いだという。総戸数2600戸のマンション型老人ホームを建設するほか、病院、高齢者の家族が宿泊できるホテル、スポーツ施設やカルチャーセンターなども併設する計画で、老人ホームは2人部屋タイプが中心、約5000人が入居できる。竣工は2016年の予定だ。

ちなみに、入居金（物件使用権の取得費用）は100万元（約2000万円）、月額料金が4000元（約8万円）に設定されている。物件使用権の取得費用は高額だが、退去時に売却・譲渡が可能だ。また、月額料金は北京市内にある同レベルの施設を大幅に下回る水準に抑えたという。

いくら中間層が豊かになったとはいえ、この金額を老親のために支払うのは容易ではない。しかもこれは北京市から遠く離れた場所にある老人ホームの金額である。大都市ならこの数倍の価格だろうが、そもそも物件が枯渇しているため、購入すること自体が不可能に近いといえよう。

## 中間層が入所できるような施設の運営

ここに日本企業の「介護ビジネス」進出の余地がある。介護施設の絶対数が足りないだけでなく、運用ノウハウもまた不足しているからだ。

先に紹介した大型老人ホームにしても、中国の場合はハード面のすごさばかりが強調される傾向が強い。実際に老人の心身両面でのケアをどうするかや、食事の好き嫌いに対する個別対応、さらには介護士の育成・支援や資格制度との対応など、システム面やソフト面の対策がまだまだ遅れているのが実情といえる。

ちなみに、中国全体で高齢人口1000人に対するベッド数はわずか26床にすぎない。民営老人ホームもあるが、政府による支援策が行き届かないため、その約4割が長期にわたって欠損状態に陥っていることが、民政部が2015年1月に発表した統計で明らかになった。

狙いはいうまでもなく、中間層自身が入所できるような施設施設の運営である。というのも、富裕層は欧米の施設で老後を送るケースが多いからだ。

日本では介護士の給与が安すぎるためになかなかなり手がないが、中国でなら多くの若い労働力が安く手に入るのでビジネスとして成り立つ。それに、中国人は日本人ほどきめ細やかさを求めない。

日本国内ではロボットの利用を進め、中国では当面人海戦術で収益を確保しながら、その活用ノウハウを徐々に移設するのが得策であろう。また、家庭に対する介護サービスの商品化も検討に値する。なお、「介護ビジネス」を行う場合は、投資に対する税制面での優遇措置を政府から取得できる可能性も高い。

## ペットブームにもビジネスチャンスが

現在中国では、空前のペットブーム（「寵物熱潮」）に沸いている。「それがどうした」といわないでいただきたい。実はこのペットブーム、一人っ子政策と老人問題とに深く関係しているのである。中国では一人息子、あるいは一人娘が出ていってしまったら、自分たち夫婦以外は誰もいなくなる。こうした寂しさを紛らわせるために、残された老人たちはペット（主に犬）を飼うのである。

もう一つの大きな理由は、やはり可処分所得の増加だ。地方や農村はともかくとして、都市住民がペットを飼うことはこれまで贅沢と見なされていたが、「80後」に代表される中間層にとって、それはもはや大きな負担ではなくなった。まさにこの層が、ペットブームを牽引しているのである。コンサルティング大手ユーロモニター・インターナショナル社の調査では、２０１４年の時点で犬を飼っている家庭は約３０００万戸に上る。

さらに同社によれば、２０１９年までに中国のペット関連産業は50％以上の成長が見込まれており、１５８億元（約３２００億円）もの市場規模になるという。外資系の食品（ペットフード）メーカーは早くもこの市場に乗りだしており、マースやネスレ、Ｐ＆Ｇなどがシェアの拡大を図っている。私はペットについて詳しくないので恐縮だが、日本のペット商品で中国にないものを持ち込めば、大当たりするものが見つかるかも知れない。

犬の美容院も大繁盛だ。ペット専門の写真スタジオもあれば、もちろんペットホテルもある。病院も当然あるのだが、中国人は基本的に医師を信用していないから、日本人の獣医が持ち前の丁寧さできちんと対応すれば、大評判になることは間違いない。

私の住んでいるマンションでも多くの人たちが犬を飼い始めた。マンションのドア越しにワンワン吠えられるので、私としてはやめてほしいのだが。

## 日本ならではのノウハウを生かした結婚ビジネス

最後に、中国での「結婚ビジネス」について記しておきたい。

実は中国には「結婚したくてもできない男性」がたくさんいるのだが、これは「一人っ子政策」の負のツケなのである。この政策が施行されて以降、夫婦は子どもを産むとき、将来自分たちを養ってくれる男の子をどうしても欲しがるようになった。そのため女の子が生まれると死産扱いにして、男の子が生まれるのを待つことになる。結果、自然の摂理に反して、中国では男児の出生率が女児よりも高くなってしまうわけだ。

ちなみに、女児出生数と男児出生数の平均比率は、前者を100とすると後者は105となる。日本の場合は100対105・6でこれが正常。一方中国は100対116だ。年次によっては100対120にもなる。この比率が異常なのは一目瞭然だろう。

その結果が、巷に独身男性があふれるという社会問題の発生である。中国にも結婚相談所はあるが、女性の登録者数が圧倒的に少なく、とても需要に追いつかないのが実情らしい。そのため中国では、独身の中国人男性に東南アジアの女性を仲介・斡旋するビジネスが生まれている。これはかつて、日本の農村の男性が同じく東南アジアの女性たちと集団見合いをしたのと一緒の光景ではないか。

日本にこうした「結婚相手紹介サービス」のノウハウやデータベースがあるなら、日本の10倍以上の市場でそれを活用すべきだろう。ことに現在はＩＣＴを駆使し、日本企業が自社のネットワークと中国側のそれとを結び合わせることで、より広く密度の濃いサービスを展開できるはずだ。

さらにいえば、主に富裕層に属する独身男性と日本女性との出会いの場も、私は生み出せるのではないかと期待している。もちろんこの逆に、日本人男性に対して中国人女性を紹介するというサービスも、双方向のネットワークの中で作り出せる。

ただ、ここでも必要なのは、日本人ならではのきめ細かな対応である。というか、それこそが見合い文化の伝統を持つ日本の、男女を結びつけるノウハウなのだろう。何でもビジネスライクに処理してしまう中国ではあまり期待できないが、本当はこの紹介サービスで最も大切なのは、相手をおもんぱかる心の表現としての、このノウハウなのである。

第8の理由

# 中国で成功するためのマネジメント

——日本人駐在員はこう評価されている

## 中国は「人治の国」と心得るべき

「中国では法律がころころ変わるので、その確認作業がたいへんですよ」。日本企業と商談を進めていると、しばしばこんな話題になる。以前と比べて「ころころ」というほどではなく、私自身はずいぶん落ち着いたなと思うが、こうした状況は今後とも続くだろう。中国だけではないのだが、新興国に特有のカントリーリスクだと、そう割り切り、甘受するしかない。

ただ、他のアジア諸国に比べると、中国はずいぶんましなほうだ。企業に頼まれて許可をもらいに行くと、「自由にやってもらっていいですよ」とか言ってくれたりもする。基本的に地方政府のお墨付きをもらえれば、いろんなことが自由にできる。また、申請に対する許認可の判断は日本に比べて（業種業態によるが）かなり早いので、むしろありがたい。

ただし、許認可を出してくれた人がいつまで同じ職位にいるか、あるいはその許認可権を確保しているかどうかはわからない。したがって、第二、第三の候補も含めて「味方」につけておくということは絶対必要になる。

逆にいえば、こういう活動ができないと中国でビジネスを展開するのは難しい。だから中国では、役所にしろ、公的機関にしろ、民間企業にしろ、その内部に入り込んでネゴシエーションできる人を増やしていくことが重要となる。人脈づくりということでは、ビジネス社会と基本的に変わりはない。

中国では主に日本企業に対して、3割は中国企業と外資企業に対してコンサルティングを行っているが、いずれの場合も私が重きを置いているのは、押さえておくべき内容だけではなく、押さえておくべき人物をきちんと教示し、必要なときは私自身が出向くということだ。

と同時に、何があるかわからないので逃げ道の指南もきちんと行っている。中国でのビジネスにおいては攻めることはもちろん重要だが、その際はリスク分散として逃げ道を確保しておくこともやはり重要だからだ。私はかなりこの点を重視している。

中国の場合、どうしても「人」の部分が大きい。まだまだ「人治」の世界なのである。ことに地方政府とのやり取りにおいては、どれだけ「法律を作る側の人」との太いコネクションを持っているか、あるいはそうした関係を構築できるかどうかが、ビジネスの成否を分かつことが少なくない。これを疎かにすると、それだけリスクが高まるといえる。

「人」を押さえると同時に、法律の専門家である弁護士とも、いざというとき自分の味方になってくれるような良好な関係を築いておくことが大切だ。日本以上に、中国では「人」なのである。

## 日本製品は高品質だが新興国では過剰品質？

いや、私は人治がいいといっているわけではない。中国ももっと民度を高めて、法治の徹底を図るべきだと思う。その一方、中国では紛争が絶えないのに弁護士の数が足りない。だから争い事を解決するのにたいへんな時間がかかる。だから結局、お金や政治力で解決するという方法がとられてしまうのだ。まさに悪循環である。

ただし、時間はかかるが裁判はちゃんとやってくれる。某日本企業が会社の死命を制するまでに大切な基幹商品を、そっくり真似られたことがあった。抗争になったら日本企業は不利だとの意見もあったが、裁判に持ち込んだのである。

優秀といわれる弁護士を紹介してもらい、中国語のでき、法律にも多少なりとも明るい私と協業、弁護士とのやり取りとそのサポートを行った。そして、たしかに時間はかかったが、ちゃんと勝訴することができたのである。

もう一つの経験として、裁判ではなくブランド維持を目的とした顧客への説得と啓蒙を紹介しよう。

ご存じのように、中国ではかなり減少傾向にあるとはいえ、偽物が同時進行で横行しているのも事実である。とかく中国人にとって、本物と偽物の両方が市場で共存しているのが当たり前であって、本物が欲しい人は高くても本物を買うのである。

あるグローバル企業のメーカーの商品に関する例だが、知名度と品質が高いため、当然の結果としてコピー商品が市場にいくつもあらわれたのだった。

そこで、中国に長年駐在している知人の日本人の営業管理者は、販売先の小売店に足を運び、弁護士の指示に従っていろんな依頼を小売店の店主にしたわけだ。その中でいちばん効力があったのは、「正規のルートで購入していないと製品保証しませんよ」という言葉だった。このとき得た教訓は、「しっかりした販売ルートと品質管理体制をもっているかどうかが、ブランドの維持には最も大切だ」ということだった。

ただし商店主にいわれて、なるほどな、と思ったそうだ。品質保証ということで、メーカーはある部品の摩耗検査を何万回も行うわけだ。偽物はたとえば1万回で摩耗するが、日本製は2万回まで保つ。これが保証内容となるわけである。

しかし、店主にいわせると、そもそもその部品を1万回も使うことはない。その前にたとえばパソコンが古びてしまうというのだ。つまり、日本製品の性能がいいのは認めるが、得てして過剰品質である。だから少し品質を落としてその分安くしろ、と。今でもそのときの言葉はよくおぼえているという。

## 日系企業のトップには日本人を据えるべき

20年以上前、社会主義市場経済政策が緒《ちょ》につく前までは、中国に派遣された駐在員はある意味、よっぽどの中国通か、少々語弊があるかもしれないが出世コースからはずれた人たちだった。当時のエース級はみな、欧米駐在であった。現在は違う。役員クラスの人が抜擢されて、中国の総責任者として赴任してくる。つまり、エース級の人材が投入され、帰国後は相応の地位に就いている。

逆にいうと、中国という巨大市場には、エース級を投入しなければ勝てないということだ。ただかつて、日本企業は自国で報道された「チャイナリスク」を過大視した時期があった。このとき人材投入していない企業は成長から確実に取り残されている。

日系の企業から受ける相談の中に、「ローカライゼーション《現地化》の実践という意味で、そろそろ当社も現地の中国人をトップにしたいのだが、この件についてどう思うか？」というものがある。私のアドバイスはこうだ。「後継者となる人材の手あてが日本でどうしてもつかないというのなら、私に反対する理由はありません。しかし、よほど優秀な中国人でないかぎり、やはり後継者は日本人にするほうがいいですよ」

なぜか。ひと言でいうと、周囲が受ける「安心感」というか、「重み」が違うのである。まして日本企業の場合、日本本社とのやり取りの比重が圧倒的である。日本での会議も多いものだ。

周囲というのは取引先や従業員や銀行ということだが、企業の経営がおかしくなると、台湾や韓国の企業は夜逃げをしてしまう例がいくつかあるが、日本人経営者はまずもってそんなことはしない。言葉は悪いが「人質」としての価値がとても高いのである。

身元もしっかりしている人が多い。だから、副社長などの片腕的役割を担う人に優秀な中国人をつけて、トップは日本人にする。保険であるとともに人質としての価値を内外に示すには、私はこの体制が現状ではよいと考えている。

## 日本人駐在員の悲劇的状況

私は決して中国経済の将来がバラ色だとは思っていない。ただし、この国のマーケットサイズは、これからも2倍、3倍になっていくことだけは確信している。このことは、多くの日本企業も実感しているところだろう。

中国市場にあって、かつての競争相手は外資や日系企業だった。それが今や現地の中国企業に取って代わり、日本企業はいやが上にも大競争時代に突入したのである。しかし日本企業の多くは、その時代の中でいかにして勝つべきかがわからず、有効な手立てが講じられずにいる。その中の20％ほどの会社（ことに中小企業）が、中国からの撤退を考えているのが現状だ。これは事実である。

かつての駐在員はもっと気楽であった。望んだわけでもないのに駐在員として中国に来て、日本人同士で話をし、日本料理店へ行って食事をし、日本式のカラオケ店に行ってストレスを発散し……、こんなサイクルを常に繰り返していた。現地に入ろうとは一切しない。中小企業に多いが、これはきわめて危険である。

ここに挙げたのは、「円が高くて、従業員の人件費が安かったころ」の話であり、それゆえになんとか許されたマネジメントのあり方だった。しかし、もはやこのようなモデル、このような方法では立ちゆかなくなっていることくらいは理解してほしい。中国企業だって必死で勝ち残ろうとしているのだ。

もう一つ、日本の中小企業（製造業）を見ていて気がかりなのは、社員の高齢化だ。なかなか新しい人を補充してもらえないのが実情のようである。ことにベテランの工場長などは、結局「余人に代えがたい」ということで何年も駐在を続けることになる。

中には「いや、私には中国の水が合っているようだよ」と苦笑いする方もいるが、適宜新陳代謝を図らなければ、本人だけでなく工場にいる従業員全体の士気にも影響する。親会社は早急に後継者を手あてすべきだろう。戦略的に中国駐在候補、中国ビジネス担当候補を育てておく必要があると考える。

## 必要なのはコミュニケーション力

日本人駐在員の多くは、英語は必死で学ぼうとするのに、中国語は真剣になって学ぼうとしない。優秀な中国人は英語や日本語に堪能な人が多いため、そうした状況に甘えているのだろう。

しかし、最初は片言でもいいから、中国人従業員と簡単なコミュニケーションが取れるようにしてほしい。基本は対話である。終業後に中国語学校に通うのがいちばんいい。ほとんどの日本企業は学習に要する費用を負担してくれる。

それ以外でも、従業員と一緒に食事に行って中国語を教わるとか、最初は聞きとれなくても従業員同士の会話に参加するとか、会話を交わす機会はいくらでもある。こうしたチャンスを大いに活用してほしい。

現地スタッフとの会話が大切なのは中国ばかりではなく、新興国のどの国でも同じだ。最初は知っている単語を並べるだけでもいいから、従業員と対話しようとしているという姿勢を示すことが何よりも大切なのである。

決して言語能力がすべてだとは思わないが、「英語＋現地語」を話せることは必要だと思う。重要な商談には通訳が必要だが、日々の訪問で使う日常会話くらいなら、現地の言葉を極力使うようにして、足りない部分を英語で補うようにしたい。

逆の立場を考えてみてほしい。たどたどしくても日本語であなたとコミュニケーションを取ろうとする外国人であれば、あなたはそれなりに評価するのではないだろうか。中国であれどこであれ、そうした努力が大切なのだ。でなければ、現在のような「大競争時代」になってくると、おいそれとは仕事が取れないのである。

## 「中国のことは自分が最も知っている」との自負を持て

もう一つ大切なのは、ビジネスの関係者（取引先や仕入れ先）および主要な従業員との「いい関係」の構築だ。言い換えれば、「自分に味方してくれる人」をどれだけたくさん持っているか。ことに異国でのビジネスではこのことがきわめて重要な要素になる。

そのための基本は「約束をきちっと守る」こと。これに尽きる。そして、取引先や従業員に対して、日本企業と取引をすること、および日本企業で働くことの安定感、安心感を持ってもらうことだ。

先にも触れたが、業績不振に陥ると取引先や従業員を置き去りにして撤退する外国系企業は少なくない。そんな中で、日本企業は信義を守ると見なされている。この信頼を踏襲すべきだと私は思っている。

こうした信頼は一朝一夕に構築されるものではない。会社を設立した地域に根づき、一つひとつの約束をきちんと履行し、そうした行いの継続を通じて、取引先や従業員からの信頼が少しずつ形づくられてきたのである。偉そうなことをいいながら、私自身もついつい忘れがちになってしまう。あらためてわが身に言い聞かせた次第だ。

ところで、日本の親会社は基本的に数字でしか会社の経営はわからない。だから、実態がわからないまま無理難題をいってくる場合がしばしばある。私自身、駐在員時代には何度も経験している。でも、そんなときは、「自分が中国のことを最も知っている」との自負を持って、あらゆる場面に対処してもらいたい。

取引先にも従業員にも、その姿勢と意志は間違いなく伝わる。そしてそのことが、中国の大地に深く根を下ろすことにつながっていくのである。

## 中国人への権限委譲の方法

とはいっても、自分がそこまでできない（現地に入り込めない）と認識したら、早めに現地の人（中国人）に権限委譲すべきだろう。日本人は「重し」としての役割を遂行し、彼（または彼女）を副社長級に据えて、それなりに厚遇するのがよい。中途半端がいちばんいけない。欧米の外資は基本的にそのようなスタイルを取っている。

大切なのは、その人が成果を出したら、それをきちんと評価し、処遇に反映することだ。日本企業は安定しているが（ドラスティックに処遇を改変したり、クビにしたりすることがあまりないが）、給与が安いため、成果を出せる優秀な社員が主に欧米の外資系に出て行ってしまうのである。

ちなみに日本企業は、従業員が退職する場合も退職金をきちんと準備し支給しているところもある。こういうことを責任を持ってやるので、日本企業に対する信頼感は中国の中でも非常に高い。欧米系は利益が出なくなるとすぐレイオフだ。その点、日本企業はギリギリまで雇い続けようと懸命に努力する。良くも悪くも、人道主義的経営の企業文化が残っているのかも知れない。

## 反日暴動で日系A社が狙われた理由

２０１２年に起こった反日暴動の際、ある地域の日系企業A社に暴徒が押し寄せ、工場の一部を破壊した出来事があった。このとき、反日デモは中国の至るところで起こっている。しかし他の地域ではこれほどまでの被害は出ていない。ではなぜ暴徒は、狙いすましたようにA社を標的にしたのか？

実はA社の労務管理に問題があったとの声がある。つまり、従業員との関係がうまくいっておらず、地元に鬱積していた不満が焼き討ち・破壊という形にあらわれたといわれているのだ。ちなみに、反日デモは基本的に官製デモだから、事前に警察や公安に手を回しておけば、暴徒の標的にされることはなかったと思える。工場長や労務担当者であれば、地元の関係諸機関との情報交換は仕事の一部だといってもいい。このあたりにも中国に対するA社の理解不足がうかがえる。

企業経営において現地関係者や従業員の反感を買うのは、おおよそ日本人の次のような行動である。すなわち、日本人が日本人たちだけで経営を回そうとしたり、何かにつけて現地従業員や労働者を低く見るような姿勢を見せたり、現地の事情を知らない本社にことあるごとにおうかがいを立てながら経営を進めたり、常に本社の期待に添った形でレポーティングしたり、さまざまな問題を日本の鋳型（文化や商習慣）に当てはめて解決しようとしたり……といったような行動だ。

要するに、基本的なマネジメントの部分に問題があったからこそ、A社は狙われたといえるだろう。ちなみに、これほど大規模なデモこそ稀だが、ストライキや労働争議は日系企業に対してだけではなく、他の外資系企業に対しても、また中国企業に対してもしょっちゅう起こっている。

それがA社で先鋭化したのは、現場でのマネジメントに対する不満と確執が経営トップに伝わらず、それらがガス抜きされない状態のまま長く放置されていたため、反日デモが触媒となって一挙に暴発したからである。

ここで知っておいてもらいたいのは、官製デモゆえのサジ加減が行われたということだ。A社の工場があるのは地方都市の一つにすぎず、A社の他の主力工場は全く無傷であった。つまり、暴徒の乱入を見せしめとして日本にアピールはするが、他に影響が出ないよう、「そこそこ」の規模と被害になるようにコントロールされていたのである。「まったく、よくやるぜ」である。

## 中国人社員に対するマネジメントの秘訣

ここで現地従業員の労務管理について、中国ならではの方法があるので紹介しておこう。それは、「出身地域別のリスク分散」という管理方法である。

100人の社員がいるとしよう。その100人が全員上海人（上海出身者）だとすると、彼らはあっという間に団結する。経営者が彼らと交渉する場合、もうこの時点で勝負がついてしまう。もちろん負けである。

では、負けないためにはどうすればいいか。社員を採用する際に必ず出身地を確認し、その地域をできるかぎりばらけさせるのである。つまり、出身地がある地域に偏らないよう分散させることで、結果的に派閥均衡を行うわけだ。

中国人は、出身地が違えば国と国ほど風習や人間性、価値観が違う。たとえば重慶人と上海人は絶対になじむことができない。たいていの場合敵対関係に入り込み、調和することも、互いに適合し合うことも難しいのだ。だから、絶対に団結しようなどという気は起こさないのである。

このことは、日系企業の現地採用をサポートするときなどに、必ずアドバイスしていることだ。もちろん、自分の会社でもこの「分散統治」は実行しており、その効果は実証済みだ。

逆に、出身地が違うことによって価値観も違うため、社員からは多種多様な意見が出るのがいい。また、出身地によっていろんな考え方があることをあらためて学べる。私は自分の会社で、これらの意見や考え方に大いに触発されている次第だ。

## SNSで飛び交うマネジメントへの評価

中国に駐在員として赴任したそのときから、日本人は親会社に帰れるポジションを確保したいと思う。そのためには本社からの指示をよく聞くイエスマンであることが、身を処す上での最上の安全策と思い、またそのように行動してしまいがちだ。

しかし、このへんのことを周りの中国人もよく見ている。「あなたは一体、われわれ従業員のために働いてくれているのか、それとも自分の保身のために親会社だけ見ているのか」と、大いなる不満を覚える。こういうケースが日本企業には本当に多い。

一方、マネージャーが帰任して新しい人が着任すると、マネジメントのやり方や方針が大きく変わることが少なからずある。現地スタッフはそれをチェックし、自分がなじめないとか、マネジメントのやり方に不安を覚え、情報ネットワークを頼って転職していく。もちろん、この事情は欧米系企業についても同じだ。逆にいえば、彼らはそうしたきわめて不安定な雇用状況の下で身を処しているのである。私たちはこのことを理解してやらなければならない。

ところで、日本企業内部での情報コントロールは非常に難しいといえる。いや、機密情報の漏洩ということではない。中国では日本語人材あるいは日系企業人材同士が、裏でネットワークを持っているからだ。

給料がいくらで処遇の程度がどうだといった情報は、基本的にSNSを通じてやり取りされているから、すべて筒抜けだと思ったほうがいい。人材紹介会社など通さなくても、彼らは情報を共有化しているのだ。

日本人マネージャーの内情までもが共有化されている。あの会社のあの部長は有能だとか、金銭に細かいとか、女性にだらしないとか、全然働いていないとか……。マネジメントの内容についても、彼らはよく観察し、相当的確に評価・判断している。彼らの行動に腹を立てるのではなく、日本人マネージャーはむしろ、あらためて自らの行動に襟を正すべきだろう。

## 日本企業への最大の不満は「給与の安さ」

90年代であればまだ日本企業に魅力は残っていた。日本語を学んで日本で働きたいという人が、若い人を中心に中国にはたくさんいたわけだ。しかし現在、そうした魅力はほとんどなくなってしまった。

日本国内でも給料の頭打ちが続いているが、中国国内でもこの状況は変わらない。また、日本企業に入ってビッグプロジェクトを成功させたら、多大な褒賞金と地位が獲得できるかと言われても、答えはノーである。

重要ポストはすべて日本人が占めている。中国人社員は現地法人の幹部までは昇っていけるが、たとえば社長になって何かできるかというとそうではない。日本企業の場合は、仕組みとして日本でキャリアを積まないと上にあがれないのだ。

あくまで現地スタッフ（ローカル社員）の域を出ることはない。幹部になってもそこで頭打ち。それに、基本的には契約社員なので来年どうなるか分からない。こんな状況で、日本の企業に忠誠を尽くせといわれても、それは不可能だ。

何より、現地駐在員と現地スタッフとの給与格差が大きい。これが最大の不満だろう。とはいえ、中国企業に比べると福利厚生などの面ではまだよい。企業によってだが、医療保険をきちんと出すとか、さまざまな手当を出すとか、出張に対する手当も出すとか……。そもそも中国企業でちゃんと福利厚生を行っているところは少ないのだ。ただし、最近は中国のエクセレント企業を中心に、このあたりもどんどん改善されている。

また、中国企業は成果を出した人間には多く払う。ドンと高額のボーナスが支給されることもある。この点、日本企業は基本的に横並びだ。ことに優秀な社員にとってはおもしろくない。こうした不満が積み重なって、多くの現地スタッフは独立を考え始めるのである。

## 経営者も学生も考え方は欧米と一緒

中国の経営者にはゼロから人を育てるという発想がない。だから、日本のように定期採用して、入社1年目2年目は社内教育を徹底的に行う、ということはやらない。要するに最初からキャリアがある人、できる人を求める社会なのだ。企業経営者の考え方が日本とは全く違う。むしろ欧米的といったほうがいい。

ちなみに中国では、大学生は7月に一斉に卒業する。卒業前の就職率はかなり低いが、その後だんだんと増えてくる。

改革開放以前であれば、国営企業に対して卒業する学生を振り分けていた。この制度が崩れて市場経済になった。すると大卒者は民間企業に勤めようと思っても、ほとんどの会社が経験者を求める。つまり新卒者を求める企業などほとんどない。中国はそういう社会になったのである。

コネクションのある人なら早くどこかの企業に潜り込めるだろうが、基本的には自分で何らかのキャリアを積んで、そこで身につけた市場価値を売っていくというのが、現在の学卒者向け労働市場だ。きわめてドライである。就職先が見つからないので、そのまま大学院に行く人だってもちろんいる。

実は、この学卒用労働市場にも就業のグレーゾーンがあり、探せば実にいろんな仕事にありつくことができる。先に紹介した中間層の「副業」のようなものだ。だから就職にあぶれても何とかなっている。日本人には絶対理解できない構造だ。もちろん、しばらく親に面倒を見てもらうとか、正規社員じゃないが仲間の会社に行って多少給料をもらい、何とか糊口をしのぐとか、「つなぎ」の生き方もさまざまある。

日本の大学生と違って、ほとんどの学生は基本的に英語を話せる。英語以外の言語を第2外国語として学んでいる人も多い。その意味では、在中外資系企業に就職できる確率は高いといえよう。ただし、前述したように、日本語を履修して日本企業への就職をめざすという学生はかなり減った。ある一流企業の社長がいっていたが、「今の時代に日本企業に来るのは二流から三流だ」ということだ。

大卒者の中には、企業を選んでいるので就職できない人も少なからずいるようだ。選ばなければ中小企業など就職口はいくらでもある。にもかかわらず、せっかく大学を出たのだから、という意識が強いのは日本と同じだ。

ちなみに、日本企業も就職相談会や新卒に向けた面談を北京などの大都市で行っている。日本企業はむしろ、昔からの終身雇用システムのよいところや、新卒者を社内の育成制度に則って長い目で育てていくという企業文化をアピールし、欧米や中国企業との違いをもっと訴えたらいいのではないか。私自身はそう思っている。

## 有給休暇をすべて消化するのが中国人

中国人にとっては働く場所もステータスの一つだ。日本であれば丸の内や中之島のオフィスで働いている、というような。たとえば上海なら南京西路《なんきんせいろ》であり、私の住む深圳なら福田《ふくでん》というオフィスエリアだ。その中でも地上70階とか100階といった超高層ビルが自分の職場で、そこで働くということは、優秀な学生が会社を選ぶ際の一つのインセンティブになっている。

当然、他の企業に比べて給与もいいし、職場環境もいい。有給休暇もちゃんと取れる。こうしたことは、日本人も同様だが、大いなるステータスといえる。中国の中でもエクセレントカンパニーといわれるほどの企業は、こうしたレベルに達している。

中国で働いている日系企業の駐在員は、私自身もそうだったが忙しすぎて、有給休暇はほとんど取らなかった。一方中国のビジネスマンはきっちり取得している人が多い。権利はきちんと主張するのだ。取得率はほぼ100%だろう。このあたりも欧米の企業と変わりはない。

祝日の数は日本ほど多くはない。公定の祝祭日は以下のとおりだ。

元旦は1日だけ（2016年のように、週末と組み合わせて3連休になることもある）。7連休になる長期休暇が年に2回あり、一つは2月の春節（旧正月）、もう一つは10月の国慶節である。いわゆる「爆買いツアー」で多数の中国人観光客が日本を訪問するのはこの時期だ。ほかに4月に清明節、5月に労働節、6月に端午節、9月に中秋節があり、それぞれ土日とくっつけて3連休に設定されている。

多くの中国人は、春節と国慶節の時期に有給休暇を取り、長期の海外旅行などを楽しむわけだ。長い人はこの時期、2週間ほど会社を休む。逆に日本の盆休みやヨーロッパ諸国のような夏の長期バカンスはない。真夏の8月でも中国人はみんな働いているし、クリスマスももちろん休暇ではない。

## 中国人は決断が恐ろしく速い

先に「第1の理由」で私は次のように述べた。中国人は家族や親族、そして信頼できる友人たちで形成された「圏子（チュエンズ）」というネットワークを持っている。この「圏子」の内部にいる人たちが、「信頼あるいは信用できる仲間」の圏内なのだ。そこに属さない人を、中国人は基本的に信用しない、と。ビジネスも同様である。基本的に彼らの経営形態は「ファミリービジネス」なのだ。

ファミリー（広い意味での圏子）はビジネス・ネットワークの求心力であり、絶対的な信頼関係の基盤である。その中でならいくらでもお金の融通をし合う。他人なんてどうでもいい。本当に中国の人たちは他人に興味がない。

何といってもファミリー（一族）が最重要なのだ。その根底にある部分はいまだに変わっていない。彼らは「実利」がどこにあるかを常に探求し、儲かるところに向けて動いていく。そういう体力とガッツと頭脳が彼らの身上である。

ディシジョンメーキングは驚くほど速い。世の中の動きを素早くキャッチして、誰よりも早くお金を生み出す場所に到達しようとする。中国人はみんな基本的に「せっかち」だ。いつまでも態度を決めないことに苛立ち、グダグダと長引くことを嫌う。私の知っている経営者はみんなそうだ。これは日本人の性分に合わない。

たとえば商談の場面を想定してもらいたい。日本だと最初に営業の担当が行って先方の出方をリポートし、その確認を含めて課長が次のステージを設定し、次に部長が行ってやっと交渉が始まる。その間ずっと、持ち帰っては報告し、また持ち帰っては報告しの繰り返しで、時間ばかりが浪費されてしまう。

中国人にとって、日本の決断スピードはとてつもなく遅いと感じられる。私はそんなビジネスの仲介をしていて、中国人経営者には「日本というのはこういうシステムなんですよ」と説明するのだが、「決定できる人を早くここに連れてきてくれ」といつも文句をいわれるわけだ。

これは共産党や役所も同じである。上意下達で遅れることなくどんどん決めていく。

私は日本の商習慣やシステム、また流儀や緻密さといったものが理解できるから、ビジネスの場面ではそのあたりのこともサポートしている。ただ、交渉事にはスピードもまた重要だ。日本企業には、このあたりのメリハリをもう少し理解して、中国人、華僑、華人、外国人とのビジネスや交渉に臨んでほしいと思う。

## 意外に早くリタイアする中国の企業家

オーナー企業の経営者の多くは後継者に社長の座を譲ったあと、50歳代後半には身をひいていくケースが多い。後継者はファミリーから出す場合がほとんどだが、外部から招聘した場合はその周りをファミリーで固めるというやり方もある。

中国企業では、経営者は董事長《とうじちょう》と総経理《そうけいり》とに分かれている。ひと言でいうと、董事長というのが実質的なオーナーであって、絶大な権限を持つ。総経理は実務の責任者だ。米国企業でいうCEOに当たるのが董事長、COOに当たるのが総経理。というより、日本風に会長と社長といえばイメージしやすいだろう。

中国の場合、経営者が会長と社長を兼務しているケースがほとんどだ。多くの会社は、たとえば社長業を誰かに任せて、会長として残るというパターンが圧倒的に多い。

こと経営に関しては中国もその歴史が浅い。もともとはみんな、公務員であったり国営企業に勤めていた人たちであって、一生の生活は国家によって保証されていた。ところが急転直下の市場経済である。みんな「貧しくても保証された生活」の外にはじき出されてしまった。「これからは自由にやりなさい、自分の責任で勝手にやりなさい」といわれても、身の処し方がにわかにはわからない。自分の父母も含めて、先達たちが60歳前には早々にリタイアしていた情景ばかりが思い出される……。

というわけでもないのだろうが、経営者はだいたい30代で起業して、10年から20年経営を行ったあと引退していく。ただし、引退といっても完全に引退するわけではなく、自分のやりたいことはしながらも、経営支援は継続するというやり方である。中でもこのクラスの富裕層は、趣味に没頭したり、世界各国に旅行したり、あるいは先進国で持病の治療に専念したり、最新医療機器による健康診断をしたりしている。日本に旅行する場合でも東京や京都、大阪など中国人でごった返す場所は避け、日本の自然と情緒を満喫するためのプラスアルファを心ゆくまで楽しんでいる。

## 望まれる証券市場の浄化と改革

最後に、「第4の理由」で触れた企業のバランスシートについて少し付記しておきたい。

つまり、企業が出しているバランスシートに信憑性がなく、証券マンやアナリストはそこに記載されている数値をあまり信用しておらず、粉飾決算がかなりの程度行われている可能性がある、というのが先に述べた内容であった。

ところで、日本の証券取引等監視委員会に相当する組織として、中国証券監督管理委員会があるが、政府の意向でどのようにでもなる組織といえる。監査法人もあるが、2010~11年に、米国の証券市場に上場する中国企業の不正会計が相次いで発覚したときも、中国国内の機密情報保護規定を楯にして応じなかった。

大手企業もこうした監査法人と癒着している、というのがもっぱらの見方だ。少なくともその可能性がある。つまり、不正経理や粉飾決算、さらにはインサイダー取引が、政府の役人が利害関係者となることで、しばしば行われていると思える。

政府の役人には、たとえばA社とB社が合併するという情報が事前にわかるわけだから、株で儲ける機会はいくらでもある。A社とB社の合併を認可する権限は自分たちが持っているからだ。自分がおもてに出てはまずいので、親族に買わせるとか、やり方はいろいろだ。

中国は証券市場の育成に力を入れているが、証券市場が利害関係のない第三者の監視の下で厳しく対処していかない限り、自国の証券市場に世界中からお金を集めるという目論見の実現は難しいだろう。こうしたことは長年続いていた腐敗で、一朝一夕には改まらない。しかし、中国政府は市場関係者の摘発も含めて、聖域といわれた金融界にも捜査のメスを入れており、健全化の方向に向かっているのは確かだ。

中国が証券市場でポジションを握れるかどうかは、この分野における自己浄化作用がどれだけ進展するかにかかっている。私自身は、これから徐々に政府は市場への介入を減らしていって、「市場のことは市場に任せる」という方向に近づいていくと思っている。

中国は自由貿易試験区を作って海外とのフリートレーディングを推進し、そのことを通じて世界とのつながりを深めていくつもりである。そのことは徐々に、金融における中国のプレゼンスを高めることにもつながっていくだろう。

2023年から始まる次の体制（ポスト習近平体制）に向かって、証券市場の仕組みもまた徐々に透明になっていくものと、私は期待している。

第9の理由

# 今後の日本が進むべき道

——中国は将来「金融大国」をめざす

## 中国共産党内部にもっと親日派・知日派を

どうして日本はもっと中国と仲よくなれないんだろう？　そんな子どもじみた感慨に浸ることがしばしばある。中国が好きだからではない。日本が好きだから。そして、中国と仲よくすることのほうが、日本にとっては絶対に得だと思っているからだ。

中国の「覇権主義的行動」や「国際的枠組みへの力ずくの変更」に対して、日本政府が非難するのは理解できる。私も中国のやり方が好ましいとは思っていない。しかし、わざわざ包囲網まで構築したり、その仲間づくりために国民の税金を湯水のように使うことには、ちょっと待ってくれといいたい。

日本経済の立て直しや社会保障の拡充など、もっと使わなければならない対象がごまんとあるではないか。それに何よりも、人があり余っているような国とけんかして、どんなメリットがあるのか、と。それより経済的合理性を軸に思考して、中国を勝ち組と判断したらきっちりとこれに乗り、そうでないときは他を探すなりして、常に日本経済の「実利」を追求することが政府の役割ではないか、というのが私の意見である。

こと中国に関して、日本は共産党政権と対立ばかりしているのではなく、同じ共産党の中に多くの親日派や知日派を意識的に作っていくべきだろう。そして、経済面や文化面、あるいは観光分野などでの相互交流をもっと増やしてもらいたい。そのほうが日本にとって、ずっと得策であることはいうまでもない。

それには共産党内部の対立をうまく利用すればいいのだ。共産党内部には穏健派もあれば、改革派もおり、保守派もいる。こちらが頼まなくても勝手に権力闘争を続けている国である。誰もが自らの権力基盤を作ることに躍起になっている。そこにうまく入り込む余地があるのだ。

ぜひともさまざまな機会を利用して、江沢民政権以来めっきり減ったといわれる親日派や知日派党員を、日本は地道に増やしていってもらいたい。留学生を増やしたり、日本のバブル期がそうであったように、日本語学習熱を再点火させることも必要だろう。そして彼らが政権内で動きやすい環境を作るためには、ギスギスした現在の日中関係を一つずつ修復していく必要があるのだ。

## 「日中対立」は日本にとって何もいいことがない

それにつけても、日本の外務省は中国から完全に引いているように思える。小泉政権以降、チャイナ・スクール（入省時期に中国語を研修語として選択した外交官のグループで、必然的に中国の内情に詳しく、また要人たちとのコネクションも深い）の影響力が失墜したといわれているが、実際、中国とうまく渡り合える人間がもういなくなったようだ。

これもアメリカの国家戦略の一環だと私は思っている。というのも、日本と中国が常にかつ適度に争っている状態にあることが、アメリカにとっては理想的、それが国益にかなうからだ。自国に損耗なく両国の国力を削ぎつつ、常に一歩離れた地点から自国の次の一手を見極められるからにほかならない。

ただし、「適度に」という点が重要である。実際に日中が局地的であれ交戦状態にでもなったら、アメリカも血を流さざるを得なくなるからだ。また、日韓関係のようにあまりにも両国の関係が冷え込むのも、アメリカの地域プレゼンスを低下させてしまう。だからアメリカは日韓両国に対して、関係の修復を強制したのである。

私がいいたいのは、アメリカによる「対立構造」づくりに、日本は乗らないことが肝要だということだ。日中が軍備競争を続けて冷戦状態になるより、経済できちんと結びつくことのメリットのほうが大きいのは自明の理である。対立して、国民が食べていけなくなったら何の意味もない。

日本にとって経済力の維持と向上が何にもまして重要である。国としての発言力は、結局経済力に裏打ちされて初めて成り立つからだ。

好き嫌いではなく客観的に考察すれば、経済の「マス」の領域においては、中国は下振れを起こしながらも引き続き「勝ち組」「勝ち馬」であり続けるだろう。習政権が代わる2023～25年のあいだに、中国は経済力でアメリカを確実に追い越す。消費市場としての成長性から見ても、またどの専門機関の経済見通しからいっても、これはほぼ既成の事実と見なしていい。であれば、日本もまた中国という「勝ち馬」に乗ったほうが得だ。

私はアメリカから中国に乗り換えろといっているのではない。大国であるアメリカと良好な関係を維持しつつ、近い将来その規模を上まわることが必定の中国とも、同様に良好な関係を結ぶべきだということを、私はいっているだけだ。

繰り返すが、経済的な「実利」を考えた場合、中国と対立的な関係にあることは何もいいことがない。かつて世界2位の経済大国であったという面子《めんつ》も、「共通の価値観」といわれる観念もいったんは横に置き、日本は自国の経済の発展にとってどういうスタンスが必要か、あるいは得策かを、冷静に判断すべきなのである。

## イギリスのＡＩＩＢ加盟の象徴的意味

国としての面子や価値観ではなく、「実利」を取った国の典型例として、私は「第4の理由」

でアジアインフラ投資銀行（ＡＩＩＢ）に対するイギリスの対応を取りあげた。そこに記したように、イギリスは世界が政治的価値観によって動いているのではなく、あくまで経済的実利をベースに動いていることを私たちに示したといえる。

イギリスの選択は、中国が今後金融の世界でも「大国」になっていくことを見すえたものだろう。つまりイギリスは、シティーの金融力のプレゼンスを維持するためにこそ、中国と組むという道を選び取ったのだ。

ＡＩＩＢに与《くみ》したことで、イギリスに入ってくる手数料収入は膨大なものとなる。さらにいえば、今後、仮にイギリスがＥＵを離脱して、為替取引市場としてのシティーの地位が低下することになっても、イギリスはヨーロッパにおける人民元取引の中心地として生き残れるだろう。これが「実利」ということだ。

２０１５年10月、イギリスはエリザベス女王までを前面に出して習主席の訪英を歓待するという、異例のパフォーマンスを演出した。私がさらに驚いたのは、イギリスが中国製の原発を3基も購入したことである。技術的には日本のほうが高いと思うが、リスクを冒してまで買う商品ではない。ということは、中国の原発はもともとフランスから技術導入されたものだが、中国は短期間で技術レベルをかなり高めたということだろう。

とにもかくにも、英中首脳会談では対象とするビジネス案件が広がり、総額にして４００億ポンド（約7兆4000億円）もの契約を締結したという。協力分野はエネルギー、観光、健康、不動産、金融など150に達する。イギリス中部で計画中の高速鉄道2号線でも英中の企業間連携が確認されている。だが、ロンドンオリンピック時に納入されたイギリス初の高速新線は、たしか日本の日立製ではなかったか？

イギリスのAIIB加盟の象徴的な意味は非常に大きい。私などは華やかなセレモニーを見ていて、阿片戦争や99年にも及んだ香港領有問題はどうなったのかと思ってしまった。あれこそまさに「歴史問題」である。

しかしそんな重要な歴史問題さえも、実利が乗り越えたといえよう。英中はビジネスで手を握ることを世界に宣言したことで、イデオロギーを超え、政治や価値観を超えて、ある意味では「歴史的和解」までも果たしたのかも知れない。

## 世界は実利を求めて動いている

中国の巨大マネーによる投資を呼び込もうとしているのは、もちろんイギリスだけではない。イギリスでのセレモニーが終わったあとの2015年の10月末、ドイツのメルケル首相が中国を公式訪問し、続いて11月初めにはフランスのオランド大統領が中国を国賓として訪問したのである。まさに千客万来といえる。しかも、メルケル首相は２０１４年７月に次いで、オランド大統領は２０１３年４月に次いでの中国訪問だ。

メルケル首相は排ガス規制逃れで窮地にあるフォルクスワーゲン（ＶＷ）のトップらも同行させ、中国での排気ガス不正問題を封じるとともに、中国の製造業との協力を深めたとされる。何といってもＶＷは中国での売上ナンバー１車、まさにドイツの儲け頭なのだ。と同時に、ＡＩＩＢに対する協力強化を約することで、経済関係の進展を図り、新たな契約を取りつけた模様だ。

一方オランド大統領も、観光、航空、原子力発電所など広範な分野における経済協力の拡大を話し合ったとされる。またドイツ同様、中国からの新たな投資案件についても、さまざまな要望が議題として提示されたという。

ちなみに、ＥＵ内でドイツはＡＩＩＢに対する最大の出資国（４・５％）であり、フランスは第2位（３・４％）、真っ先に手を挙げたイギリスはちゃっかり第3位（３・１％）だ。

これらの国々は、当然ながら中国の「一帯一路」構想に強い関心を示している。この構想で中核的役割を担うのはＡＩＩＢで、ヨーロッパへとつながる中央アジアの鉄道、道路、港湾、電力、通信などのインフラ建設に投資するという。なお、アジア地域のインフラ投資需要は、２０２０年まで毎年７３００億ドルに達すると予測されている。

ここでも、将来において自国に利益をもたらすものは何かを、必死に見定めようとしているのだ。その源泉を生み出す場所が中国であるなら、これらの国々は実利を自国に引き入れるため、イギリスと同様、価値観を超越したアライアンスを中国と結ぼうとするだろう。いや、現に結んでいるのが実際だ。現在はそういう時代であることを、日本も早く認めるべきだと私は思っている。

## ＡＩＩＢとリンクした「一帯一路」構想の魅力

とはいえ、かつてこの構想にはさまざまな懸念が投げかけられていた。そもそも国際的金融機関など、経験の浅い中国に運営できるのかと。実は私もそう思っていた一人だ。

また、格付けと調達コストについての懸念もあった。つまり、「先進国が出資するアジア開発銀行（ＡＤＢ）の格付けは最高ランクのトリプルＡだが、ＡＩＩＢは新興国からの出資が大半になる。新興国の格付けは基本的に低いから、その結果資金の調達コストが上がるため、借り手のメリットは下がってしまう」というものだ。しかし、イギリスをはじめとする先進諸国の加盟で、こうした懸念は一挙に吹き飛んでしまった。

ＡＩＩＢの設立とリンクして、中国が「ほら、こんなに大きなインフラ需要が生まれるのですよ」と、「一帯一路」構想の青写真を示したことは大きい。

イギリスはもはや「ものづくり」では戦えないが、「金融」では戦える。中国自身まで含めたアジア全体にわたる膨大な金融マーケットに、中国のお金を使って参入できるのだから、イギリスにとってはまさに願ったり叶ったりだろう。

これに追随したヨーロッパ諸国も、「共通の価値観」という観念ではなく、今後中国から陸続きで延びるインフラ事業への参入という「実利」を選択した。土木事業だけでなく、そこを走る自動車やガソリンスタンド、電信、水道やガスなど、インフラ事業にまつわる実体的なビジネスが存在する。そしてそこから生まれる利益が、自国経済に再び活力を呼び込むと期待したのである。

また、この地域の国々にとっても、金利の安い資金で自国のインフラが整備できるのはありがたい。しかもＡＩＩＢからの投げかけは、単に道路を作り、鉄道を走らせ、空港や港湾を作るというだけではなく、それらを結びつけて広く交易を生み出そうという構想だ。住民にとっても国にとっても、反対する理由はない。それを中国がやろうがどこがやろうが、自国に「実利」がもたらされるなら、基本的にはあずかり知らないことである。

ニーズは間違いなくある。ニーズがあるということは、紆余曲折があってもこの構想は着実に進むということだ。

## ＡＤＢはＡＩＩＢと上手に棲み分けるべき

今までは、アジアには日本が主導するアジア開発銀行（ＡＤＢ）があった。ＡＤＢがアジアの復興に果たした役割はとても大きい。しかし、そこから資金を借りるアジア諸国からは、さまざまな不満の声が寄せられていたのも事実だ。

たとえば、インドネシアのある県が道路を作りたいということで申請したとしよう。すると、ＡＤＢから山のような書類が送られてくる。なんと申請には80種類もの書類が必要なのだ。それを作って持っていくと、今度は審査結果が送られてきて、そこには「最終的に政府保証をつけなさい」との文言。この県は結局申請を諦めてしまったという。当たり前だろう。

東南アジアにいる友人の華僑たちも、ＡＤＢには文句たらたらだった。審査に時間がかかりすぎる、厳格過ぎるというのだ。彼らにしてみれば、早く橋を作ってほしい、道路を引いてほしいといった、日常の利便性向上に関わる要望を実現してほしいだけなのだが、なかなか叶えてもらえない。

たしかに金融機関としては、きちんと審査し、使途や返済もしっかり管理するということは大切なことだ。出資する側も確実に実利が取れる。しかしそれは、往々にして借り手側のニーズとなじまないことが多い。だからＡＩＩＢのように、もう少し審査がゆるくて早くお金が借りられるほうが、今の世の中では借り手ニーズにマッチングするわけだ。

また、ＡＤＢは焦げつきを徹底的に嫌う。そのため、ことあるごとに政府保証を要求してくるわけだ。ただ、実際に焦げつきそうになったら返済を先延ばしにして、最終的には帳尻を合わせる。一方、ＡＩＩＢは、多少の焦げつきならごまかしてしまうのではないか。その点を日本の経済評論家は、管理がずさんになるだろうと指摘しているわけだが、アジア諸国は着実に成長しており、早く明日の米を食べたい。なので、ＡＩＩＢがやろうとしている、ある意味で太っ腹な対応を望んでいるわけだ。

であれば、日本もＡＩＩＢに参加し、審査項目を見直しつつ、融資の健全性を保持するノウハウを提供するなどして、内部での発言力を確保すべきだと思う。そして、ヨーロッパまで続くインフラ事業での「実利」を取るべきだろう。ここでも日本は、ＡＩＩＢとＡＤＢとの「棲み分け」を図ればいいと私は思っている。

## 国際主要通貨の仲間入りを果たした人民元

さて、国際通貨基金（ＩＭＦ）は２０１５年11月30日、中国人民元を特別引き出し権（ＳＤ

R）の構成通貨に加えることを正式決定した。人民元がSDR構成通貨に加わるのは2016年10月1日からで、人民元のSDR通貨バスケット構成比率は10・92％に設定された。他の通貨の比率はドルが41・73％、ユーロが30・93％、円が8・33％、英ポンドは8・09％となる。

人民元は第3位のポジションとなった。人民元が国債取引の決済通貨の一つとなることを中国はずっと企図していたが、IMFによる人民元のSDR化によって中国の宿願が叶ったといえる。人民元は国際主要通貨の仲間入りを果たしたのである。これによって、人民元の「基軸通貨化」あるいは「国際化」は一層進展するだろう。

ただし、人民元が基軸通貨となるためには、次の三つを推し進めることが不可欠となる。つまり、金利の完全な自由化、為替の完全な自由化、そして資本移動の完全な自由化だ。中国がこの方向に向けて進んでいくのは間違いないが、それにはまだまだ時間を要するだろう。

それにしても、1979年に始まった改革開放政策の30数年後、14億人もの民を有し、GDP世界第2位となり、ついには自国通貨を世界の基軸通貨にしようかという国が出現したのだ。その中国に身を置き、この国が見せるさまざまな相貌を眺めていると、時代が大きな転換期に差しかかっていると感じずにはいられない。

いわゆる戦後体制からブレトンウッズ体制、あるいは世界銀行やIMFなどに象徴される金融体制へと、世界秩序を支えてきた枠組みが少しずつたわみ始めたように思う。そのたわみの中で、中国は新たにどのような相貌を私たちに見せるのか。そして先に挙げた三つの自由化は、どのように進展していくのか。

## 中国の最終目標は「金融大国」になること

中国は自由化に向けて、すでにいくつかの布石を打ってきている。その最大の仕掛けが、先に何度か取りあげた「自由貿易試験区」だ。ここは中国の中の外国。関税および規制をすべて取り払って、海外と自由に交易するための試みである。

この試験区での最大のポイントは金融の自由化だと私は思っている。つまり、現在中国政府の指導の下に、中国の各トップ銀行が、利息も含めて総量的な規制を取り払った時代を想定し、かなり具体的なシミュレーションを進めていると私は考えている。そして将来、世界の主だった銀行、世界の主だった証券会社が自由貿易試験区に会社を登記して、段階的にではあるが自由に金利も決めることになるだろう。

ゆくゆくは中国は健全な金融市場を育てるために自国銀行への保護を少なくし、外資系銀行も含めて漸進的に自由化を進めて、最終的には中国の銀行と外資系銀行が互いにいい競争をしながら市場を形成していく状況を作り出す。私はそのように想定しているのだが、この方向はおそらく間違いないだろう。

それがいつごろからかは想定しにくいが、人民元の基軸通貨化と歩を合わせた形になるだろうから、2025〜2030年くらいと考えていいのではないか。

なぜ私がここで、ことさら金融についての話をするかというと、中国共産党の最終的目標を、私は「中国の金融大国化」と見ているからだ。この目標に到達するために、世界中から膨大な投資マネーが流入してくるように、中国は是が非でも株式市場の健全化を推進しなければならない。実は今まで述べてきたAIIBも「一帯一路」も、中国の「金融大国化」というこの壮大な構想の中に組み込まれた重要なピースなのである。そう考えれば、中国がめざしているものの全体像が見えてくる。

その実験場となるのが自由貿易区という試験区だ。金融緩和を徐々に推し進めていくことを通じて、中国は世界の銀行、金融先進国のノウハウをどんどん取り入れていくことだろう。

## 笛吹けど「金融の自由化」はまだ先

いったん始めると、中国は早い。政府の号令一下、何もかもがあっという間に変わっていく。それが中国だ。しかしながら、金融の自由化はまだ緒《ちょ》についたばかりの状態だといえるだろう。

そもそも中国では、外資系銀行は自由にお金の貸し借りができない。その認可が取れない状態が続いている。銀行はあくまでお金を預けるところなのだ。たとえば日本の都銀なら、上海に出先があって、日本で取引している企業の上海子会社とお金のやり取りをするのが許されているだけ。営業権まではない。こんな現状で、どこまで自由化が進むのかが思いやられる。

ただし思い起こせば、日本だって最初から金融を自由化していたわけではない。やはり中国も、段階を追ってということなのだ。現状ではいたしかたないと思う。

加えて、現在中国の銀行は不良債権の整理とその処理に追われているのが現状だ。政府は自由化に向けたさまざまな研究会を立ち上げてはいるが、銀行自体としてはとてもそこまで手がまわらない。

巨大インフラ投資に先導された「それいけどんどん」のビジネスモデルは終わった。政府はマクロ規制によって引き締めを強化し、国営企業をはじめ多くの企業が抜本的な改革が求められている。

結果、企業は資金繰りに苦しんでいる。今まではどこからでも借りられたのに、経済環境はすさまじいまでに変貌した。設備投資ができず、経済が伸びない。個人もお金が借りられない状況が続いている。ある意味で、これは成長モデルしか知らなかった中国の試金石ともいえるだろう。この厳しい状況を乗り越えなければ、新たなステージへの成長はない。

要するに、このような国内の経済問題を抱えているから、中国は金融の世界を一気に外に向けて開放するわけにはいかないのである。何度もいうように、自由化はあくまで段階的な道筋を通りながら、徐々に、しかしある時点からは急速に進んでいくだろう。

## 「金融大国化」の実現に向けた礎石

一方で忘れてはならないのは、中国が金融という分野でたいへんな力（信用力）をつけたという事実である。

その最大の出来事は、上述したように人民元がＩＭＦの新たなＳＤＲ構成通貨となり、国際主要通貨の仲間入りを果たしたことだ。ただし、それ以前にも中国は、30カ国以上の中央銀行とのあいだで通貨スワップ（自国通貨を互いに融通し合う）協定を締結し、世界各地に人民元を供給する決済拠点を次々と開設してきた。人民元の国際化は、実は着々と準備されていたのである。

また２０１５年7月には世界最大の金属取引所「ロンドン金属取引所（ＬＭＥ）」は、銅などの取引で、ドル、英ポンド、ユーロ、円に加えて人民元を担保に使うことを承認した。こちらは中国の投資家を取引に引き入れやすくするためだ。

さらに習近平国家主席は同年10月の訪英時に、ロンドンでの人民元建て国債の発行を表明している。シティーにとっては人民元建て金融商品の取引の活発化が、巨額の手数料収入につながることは先に述べたとおりだ。なお同年8月、貿易や投資などの資金決済において、人民元のシェアは日本円を上回り世界4位に浮上したのだった。

このように、中国はSDRへの採用をきっかけに人民元の信用力をさらに高めて、人民元建ての取引や融資を増やしていくことだろう。また、中国政府はAIIBを「一帯一路」構想の中心に位置づけており、関係する諸国に人民元を広めることを通じて、金融大国への礎石を一つひとつ形づくっていくと思える。

しかし、人民元が本当の意味で「国際通貨」になるためには、「通貨バスケット制」という名の、政府による「保護と管理」から自らを解き放たなければならない。そしてそのことを通じて、外国為替市場や国際金融市場ならびに資本市場において、「開かれた通貨」としての自分を表現しなければならない。

さらに付け加えるなら、中国国内で通じるだけの価値基準から共産党自体が脱皮して、いずれは「西側」の普遍的価値観に近づいていかなければならないだろう。普通選挙法や基本的人権といった概念を、このとき共産党はどのような形で実体化するのか。私もぜひその場面に立ち合いたいものだ。

とにもかくにも、こうした矛盾を克服した向こう側に、中国の「金融大国化」が見えてくるのではないか。私はそのように考えている。

## 政治と経済は分けて考える

以上、中国は今後とも「経済大国」であり続けるが、世界の工場は、製造大国から製造強国、そして消費大国へとシフトし、その一方で、「金融大国」に向けて自らの全体像を少しずつ変化させていることを述べた。いずれにしても、中国という国の、世界における圧倒的なプレゼンスは変わらない。ということで、冒頭で投げかけた設問に戻ることにしたい。では、そんな中国と、日本はどのようにつき合っていけばいいのか。

すでに結論はおわかりだろう。経済あるいはビジネスにおいて、徹底的に「実利」を追う。これである。そしてそのため必要なスタンスは、「政治と経済は分けて考える」ということに尽きる。

たとえば領土問題では、主張すべきはもちろんちゃんと主張し続けるべきである。ただし、それにこだわりすぎて、結局実利を得られないという事態は絶対に避けるべき、というのが私の意見だ。ことに領土問題では、国民感情やナショナリズムをあおるような政治的対応が最もよくない。「実利」の在りかが見えなくなってしまうからだ。

実利の在りかは、中国の政策を大まかなところで追っていれば、たいていはつかむことができる。焦点が定まれば、あとは商社や銀行、あるいは私たちコンサルタントなどの知恵と情報を活用し、順次具体化していけばいいのである。

たとえば「一帯一路」構想。この構想を実現させる政策において、中国は東南アジアとつながっていき、やがてはヨーロッパともつながろうとしている。ユーラシア大陸を俯瞰する。経済的にも地政学的にも、この流れ、この現実は止めようがない。ビジネスもまた、間違いなくこの流れに沿って拡大していくのは必至だろう。

であれば日本は、今のうちから中国や華僑など、全世界にビジネス・ネットワークを持っている人たちと「いい関係」を構築しておくことが大切になる。「いい関係」とは、「必要なときに必要な情報がお互いに得られる」という関係にほかならない。

ビジネスはこの地点から起動すればよい。

## 東南アジアの国々は中国が嫌いで親日的？

「一帯一路」構想において、中国と最初につながるのは東南アジアの国々だ。巷間、これらの国々は中国が嫌いで基本的に親日的などといわれるが、額面どおり受け取らないほうがいい。もちろん、ベトナムやフィリピンのように中国とのあいだに領土問題を抱えている国は別だが、中国との関係にはそれぞれ濃淡があり、親中か親日かなどは軽々に論じられない。

ただ、現実的にはもっと単純だ。東南アジアの各国はそれぞれ国家としての規模が小さい、つまり人口的には、インドネシアを除けば、中国の1省（約1億人）の規模以下なので、みんな日和見《ひよりみ》外交なのである。お金をくれるところに拍手を送るだけ。それが小国の身の処し方だから、文句をいってもしようがない。

日本がかつてODAなどで多くのお金を拠出していたり技術支援をしていたので、こうした国々は日本が好きになる。それだけのことだ。せめてもの期待として日本ファンは一定数残るかも知れないが、ある程度の経済力や発言力をつけてくると、手のひらを返すようなことも行う。たとえば高速鉄道敷設におけるインドネシアのように。これもまた、しようがないことだ。

安倍政権が「中国包囲網」を掲げて、東南アジアや周辺諸国にお金をばらまいても、それらの国々は結局広い意味での中国経済圏に飲み込まれていく。これらの諸国は中国と陸続きでつながっていて、華僑や華人が経済の中核を握り、さらに中国がAIIBなどを通じて開発援助し、交易関係はさらに深まっていく。いずれは鉄道も道路網も中国と直接つながっていくのは必至といえる。

そのような状況下で「中国包囲網」なんて、戦車に竹槍で突っ込んでいくようなものではないか。そんな無謀なことをするより、世の中の潮流を見極めて、日本がいい発言権を持てるような経済外交をしていくべきだろう。

ところで、帰国時に東京で書店めぐりをしていると、「中国と日本が戦ったら、兵器力に勝る日本が勝つ」という内容の本があった。ぷっと笑って書棚に戻したが、こんな本を読んで溜飲を下げたい人がいるのだろうか？

そもそも中国は日本と戦争するような、経済的に無駄で無意味で無利益なことは絶対にしない。もちろん日本だって同じだろう。中国にとっては、14億もの国民がいる国をまとめあげ、国内の不満を最小限に抑えて統治することのほうが、よほど重要な課題である。

## 靖国問題に対する中国人のスタンス

先に中国の反日デモは、共産党による「官製デモ」だと書いたが、共産党が日本に対して大規模な反日デモを仕掛ける場合、その要因は二つしか考えられない。一つは尖閣諸島にまつわる領土問題、もう一つは靖国問題である。日本政府がこの件に触れなければ、何の問題もない。

靖国問題については、戦勝国側から見た論理では、政府のトップが靖国神社に行くということはやはり問題だろう。日本の政府要人による靖国神社参拝は、中国の誰に聞いてもこれを認めない。

私も学生（北京大学留学）時代、求められれば説明したが、誰も納得しなかった。もちろん、個人として参拝するのは誰も文句は言わない。犠牲になった一般の日本人兵士の鎮魂のために参拝するのは中国の人たちも理解し、その人たちに罪はなかったと素直に認めてくれる。

しかし戦争を起こして罪に問われ、重罪が確定した人たちも一緒に祀られていることに対しては、彼らは絶対に認めようとしない。私は私で、「亡くなった人は誰であれ英霊として扱われる」という日本の神道の考え方を説明するのだが、「君はそんな論理で戦争犯罪者を擁護するのか」と、ずいぶん怒られたものだ。

たしかに、先の大戦で日本軍に国土を蹂躙《じゅうりん》され、兵士だけでなく多数の無辜《むこ》の国民が殺された中国人の立場に立てば、彼らが戦犯たちを許さない気持ちはよくわかる。だから、分祀することができれば、紛争の根を取り除くことができると思うのだが。

## 「実利」が得られるＷｉｎ－Ｗｉｎの関係を

要は、尖閣問題も靖国問題も、あるいは教科書問題もすべて歴史問題。これに触れないようにすれば、反日デモは起こる余地がなくなる。たとえば尖閣については、かつて鄧小平がいったように、「領土問題は将来自分たちよりも頭のいい人たちが出てきて、きっと解決してくれるから、その人たちに任せましょう」というスタンスがいいのではないか。

もちろん、こうした棚上げ論自体が間違っているとの意見があることは、私も重々承知している。だが、領土問題は当事国の国民の感情に深く根ざしているので、いくら歴史的資料を出し合って議論しても、結局は（永遠に）埒《らち》があかない。ひと昔前なら戦争で決着をつけるという選択肢もあった。もちろんそんな馬鹿なことはできないので、「臭いものには蓋」的な解決法もあっていいのではないか、というのが私の考えだ。

こんなことを書くと、すぐ「中国びいきにすぎる」とか「反日だ」とか批判されそうだが、私は自分が「日本を愛する日本人」であることを公言してはばからない。愛するがゆえに、そして中国という国をよく知るがゆえに、さまざまな提言を本書で行っているのである。ただ、日本人にとって、その内容が耳に痛いことがあるかも知れないが、「忠言は耳に逆らえども行いに利あり」とのことわざもある。どうかご寛恕願いたい。

ここでいう「行いに利あり」とは、私が常々いっている「実利」と思ってもらいたい。歴史問題で両国がいがみ合ったり、感情的になったりしても、経済の面でもビジネスの面でも何の得にもならないのは自明である。であれば、両国がＷｉｎ－Ｗｉｎの関係で互いに大きな「実利」が得られるように振る舞いましょう、というのが私の本意である。

政治が経済に影響を与えれば、感情論が先に立ち、ナショナリズムが起動して、結局互いに損を見るだけだ。たとえば、領土問題や靖国問題で日中が鋭く対立し、次にまた大規模な反日デモが起こった瞬間、中国人観光客は一気にいなくなってしまう。残るのは何兆円もの経済的損失と憎しみだけである。

私はそんな事態にならないようにしたいだけなのである。

## 安保法制と中国人の反応

ところで、安保法案が可決されたときは中国でも大きく報じられた。しかし、各新聞、各テレビとも、その内容は感情的なものではなかった。というより、かなり冷静かつ客観的な報道に終始していたように思う。

とはいえ、「日本でもこれだけの反対意見があり、決して安倍さんだけの意見じゃないですよ」というのが主調音ではある。「一般市民も多くの人たちが反対の声を上げている」として、国会前デモなどの映像が流されていた。中国の立場からするとそうなるのは当然だろう。かつて侵略を受けた国としては、安保法案の内容は理解しがたい。

興味深かったのは、テレビを観ていた中国人スタッフの反応だ。彼らは一様に、日本のデモが整然と行われていたことに驚いていた。

何度も書いたことだが、中国のデモは基本的に官製デモである。政府がやらせている。ただし、地方で起こる小規模な暴動は、民衆が実際に起こしたものだ。政策や行政に対する不満を行動であらわしたものが多い。

小規模なものは年間に何百、何千件も起こっている。警官隊や公安部隊ともみ合いになることもしばしばだ。しかし、市民は「またやってるな」で終わってしまう。私もそうだが、日常茶飯事の風景なので見慣れているのだ。それに、ひと悶着あって怒鳴り散らしたら、あとはすぐに撤収してしまう。

ただし、ウイグル族による反政府暴動は別だ。チベット問題と同様、宗教問題と民族問題のほか、中国に併合されたことに関する歴史問題などが複雑に絡みあっている。ひと口に論じられる問題ではないので、ここでは割愛したい。

政治に対して不満のない国はない。ことに中国は巨大インフラを一気呵成に築きあげたため、その道路、鉄路、橋、建造物、ダムなど至るところから不満が噴出している。共産党の不正や汚職に対する不満も鬱積している。

ただ、中国人は気質として不満を言い出したら際限がなくなるため、どこかで力でコントロールする必要がある。この兼ね合いが実に難しい。ある意味、中国共産党はよくコントロールしているなと感心する。

## 日本版の「改革開放」のススメ

本書の最後に、私は日本経済の新たな成長を期して、外資系企業への門戸の開放を提案したい。いうなれば、日本版「改革開放」の推進である。

中国国家工商総局の発表によると、2013年7月現在、中国における外資系企業の数は44万2000社に達したという。また、同年7月に新たに設立された外資系企業は3000社に上る。これだけの数の外資が中国に集まり、そこで莫大な額の税を落とし、また膨大な数の中国人の雇用を生み出しているのだ。片や日本の外資系企業数はわずか3000社あまりにすぎない（2014年3月末集計結果）。

この差は何なのかと思ってしまう。単に法人税の多寡の問題ではなく、規制の多さや文化風土の違いなども含めて、日本には外国企業が参入しにくい障壁がたくさんあることが原因なのだろう。私は自分の感覚でしかいえないが、日本は先進国ではあるがきわめて保守的で、ことに外資系企業に対してかなり閉鎖的であると思える。

私の念頭にあるのは、ことに地方の活性化である。先の「第3の理由」でも、私は中国人観光客の地方への誘致をいくつか提案したが、ここでは中国企業ということではなく、もっと広範な規模で外資系企業の地方誘致を訴えたい。

地方自治体がさまざまな形で工業団地を作り、そこに企業の工場を誘致しようと頑張っているのは知っている。そして、それが芳しくない状況であることも知っている。であれば発想を転換して、国内企業だけでなく、外資系企業にまで誘致の範囲を広げてみてはどうか。

国も「地方の活性化」を口にするだけでなく、また、単にジェトロと関係づけるだけでなく、関係各省庁も巻き込んで外資系企業の誘致を支援すべきだろう。そして、各地方自治体が外資に対して独自に優遇措置を講じられるよう、関連法規を改定してもらいたい。中国が改革開放当初に行ったように、外資に対する税金の減免や工業団地の共有エリアの無償供与などだ。こういうことは地方に任せるほうがいい結果が出る。

もちろん、地方の企業と外資との共同開発や技術提携などの仕組みづくりも考えられる。こうした地方都市を全国に20~30ほどエリア選定して日本版の改革開放を推し進め、各地方で得られたノウハウをまた別の地方に移植していくわけだ。

こういう提案をすると、すぐに「外国人の犯罪」が取りざたされるが、それこそ外国人に対する閉鎖的な気持ちのあらわれではないか。そもそも、私の提案は地方の日本企業が外国人を安い給与で雇い入れるという話ではない。外国企業を地方に持ってくるということだ。そこで雇われるのは日本人のほうであり、日本人の雇用が新たに創出されるのである。また、環境問題については、日本の法律がそのまま適用されるから心配はない。

私が東北出身だからいうわけではないが、日本の地方は経済的にかなり疲弊している。そんな状態を外資の導入によって救えればと思う。政府が本気で地方の活性化を望んでいるなら、ぜひとも日本版改革開放を推進し、外資の活力を地方にもたらすとともに、それを日本経済全体に広げてもらいたい。私は切にそう念じている。

# おわりに

前著『それでも中国で儲けなければならない日本人へ』が刊行されてから、早くも5年の歳月が流れた。それは同時に東日本大震災からの復興の時期でもあったが、私の郷里・仙台をふくめ、被災地にはいまだにその爪痕が色濃く残っている。台湾からの献金や支援が多くの日本人の記憶に深く刻まれたが、中国政府を含む諸外国、多くの中国人や中国企業からの献金や支援も忘れてはならない。

この5年の間に、中国は激変した。鈍化しつつあるとは言え、経済成長を持続させてきた。問題は山積みであるが、崩壊には至らないという現実を、そして、逆に多くのビジネスチャンスが広がっている事実は本文でお伝えしたとおりだ。

ところで、従業員100万人超の台湾企業、鴻海《ホンハイ》（フォックスコン・グループ＝鴻海科技集団の中核会社）のシャープ買収交渉が一応の妥結を見たと報道されている。鴻海は言わずと知れたEMS（電子機器の受託製造）の世界最大手であり、急成長中の巨大企業である。アップル、HP（ヒューレット・パッカード）、ソフトバンク、小米《シャオミ》（中国の携帯メーカー）、ソニー、任天堂などの著名企業をクライアントに持っている。売上高は15兆円を超え、シャープを買収した後もさらに成長を緩めず、30兆円を視野にグローバル展開を加速させていくだろう。シャープの事案は日本における最大規模の買収であり、グローバル社会での製造業、ものづくりの現状を象徴する買収劇でもある。おそらく、この本が書店に並ぶ頃には、シャープは鴻海の傘下となって次代にむけて新たな歩みを始めるとみてよいだろう。

賛否両論はもちろんあろうが、私は、今回の買収がシャープにとってメリットは大きいと思う。鴻海はグローバル著名企業としてマスのビジネスをすでに確保し、生産体制を人件費の相対的に安い新興国中心に整えている。新興国はいわばこれからの成長マーケットでもある。中国のみならず、インドでも拡充していく。私も従業員数十万人規模の深圳工場を幾度となく訪問しているが、その生産技術は非常に高く、グローバル・サプライチェーンも完備している。

シャープは、自社ブランドが残るという「名」を維持しつつ、投資資本による経営基盤の改善だけでなく、生産の効率化や共同生産、研究開発の拡充、社員の雇用維持などの「実」、つまり相乗効果を生むことが可能となるだろう。得意とする先端技術の開発にも専念できるだろう。

一方、鴻海も、「名」と「実」を手に入れることになった。シャープという世界的ブランドを手中にし、今まではあくまでEMSとして黒子の存在であったが、晴れて世界の表舞台に立てることになった。液晶や太陽光パネルなどの基幹製品技術を自社の傘下にしたからだ。

私は、第二、第三のシャープがこれからも生まれる可能性が高いと考えている。

本文でも記したが、日本の技術は素晴らしいとはいえ、残念ながらかつてのような勢いはない。「ものづくりジャパン」の掛け声は日本国内にとどまり、世界では通用しなくなりつつある。大半の技術は、中国・台湾・韓国企業でも十二分に持っていて、こうした新興勢力と正面きって競争しようとすれば、マス(生産体制・生産技術・物量・物流・市場・顧客)を握っている彼らにコスト競争力で叩かれて、いつかは負ける。つまり私は、この領域で争う必要はないと申し上げたいのだ。いわば、戦わない勝ち方を模索すべきであろうという提言である。

もう時代は変わった。

この大海原のような中国のビジネス現場にいてつくづくそう思う。技術流出が怖いだとか、コピーされるのが嫌だ、けしからん、と言ったところで、「時」はスピーディに流れていく。世界は待ってはくれないのである。どんなに一流の技術であっても、どんどん追いつかれ、追い抜かれていく。多くの日本の大手家電メーカーがその世界市場を失った。それは千億円単位の赤字を出しているシャープの現実を見れば、一目瞭然であろう。こだわりやプライドが優先され、経営判断が遅れれば遅れるほど出血が止まらず、大量リストラするか売却でもしない限り、生き残れない結末を招くのだ。

これは日本人の勤労者にとっては最も不幸な結末である。誰しも耳に聞こえの良い報告を欲しがるものである。しかしながら、時には現場・現実・現象の本当の真実を伝える勇気をもち、上司や社長の耳にも痛いことをあえて報告する勇気も必要だろう。倒産やリストラという大災難を招く前に。

＊＊＊＊＊

時間にも紙幅にも限りがあり、本書だけでは書ききれなかったことが多く、ご期待に応えきれていない部分もあるかも知れません。この点、読者にはお詫び申し上げます。

ご意見・ご質問は、

takasawa@sztbc.net

stakasawa1972@yahoo.co.jp

にお願い致します。

最後に、四六時中、私を支えてくれている妻の安那に感謝の気持ちを伝えたい。そして、本書も成甲書房・田中亮介氏の鼓舞・指導のお陰で出版できた。記して感謝申し上げます。

二〇一六年三月　　　高澤真治

◉著者について
高澤真治（たかさわ しんじ）
1972年仙台生まれ。東西冷戦の終結とバブル経済崩壊のさなかに高校を卒業するも日本国内の大学への進学に疑問を感じて中国語を学び、1993年北京大学に入学、国際法・国際関係学を専攻する。1998年の卒業までに数多くの中国エリート師弟、諸外国からの留学生らと親交をむすぶ。1999年オムロン入社、東京勤務を経て香港、上海、北京に駐在して電子部品事業の現地販売体制を立ち上げ、100億円規模の事業に成長させる。2008年、ミスミに転じ、国際マーケティング・現地支援部門に配属（台湾、韓国、インド、東南アジア圏のマーケティングと国内営業開発担当）、金融危機後には中国・広州に華南責任者として赴任し、同社の業績のV字回復の立役者となる。2010年、「高澤商務顧問有限公司」を香港、深圳に設立。中国各地に確立したネットワークを駆使して、中国ビジネスのコンサルティング業務（市場戦略調査、パートナー開拓、売買収支援、進出及び撤退支援、戦略立案支援、新規事業支援、事業運営代行）に奔走中。クライアントはパナソニック、ソフトバンク、ミスミ、オムロン、トヨタ、日産、ソニー関係など多くの日系企業、中国（香港）・韓国・ドイツ系企業など300社を超え、業種も大手自動車、家電、電子、ＦＡ部品、部材関連、飲料・飲食、環境関連、総合・専門商社など多岐にわたる。また、正確な現地情報をもとに、感情論を排した対中ビジネス戦略の講演が反響をよび、前著『それでも中国で儲けなければならない日本人へ』（小社刊）は「駐在ビジネスパーソンの必読書」との評価を受けた。

# まだまだ日本《にほん》が中国《ちゅうごく》で儲《もう》けられる9つの理由《りゆう》

◉著者
高澤真治《たかさわしんじ》

◉発行日
初版第1刷　2016年4月10日

◉発行者
田中亮介

◉発行所
株式会社 成甲書房

郵便番号101-0051
東京都千代田区神田神保町1-42
振替00160-9-85784
電話03(3295)1687
E-MAIL　mail@seikoshobo.co.jp
URL　http://www.seikoshobo.co.jp

◉印刷・製本
株式会社 シナノ


Printed in Japan, 2016
ISBN978-4-88086-338-2
定価は定価カードに、
本体価はカバーに表示してあります。
乱丁・落丁がございましたら、
お手数ですが小社までお送りください。
送料小社負担にてお取り替えいたします。